書下ろし

ソウルでキレイになってやる

―食べた、ヤセた、トクした―

コイケ・ケイコ
チョン・ウンスク

祥伝社黄金文庫

（本書は、祥伝社黄金文庫のために書き下ろされた）

まえがき

韓国のライター、チョンさんとソウルを旅してきました。

韓国では心がリセットされて、なんだかとってもいい気分。どういうわけか行く先々で、人の優しさに触れる。昔、隣のおばちゃんから愛情をもって怒られたり、「お帰りぃ！ 学校どうだった？」なんて、声かけられたり。そんなことを、ふと思い浮かべてしまう。同じ空間にいる人を、同じ時間を過ごす人を放っておかないのが韓国人。さりげなく、ごく自然に、異邦人ケイちゃんを気にかけてくれる。

夜、小さな市場や、路地を歩いていたら、昔の日本の駄菓子屋さんみたいな店や、酒屋さん、八百屋さんが、たくさんあって、古いテーブルとかを店先に出して、みんながお酒飲みながら話してる。年齢も風貌《ふうぼう》もまちまちの人たちが店先でそうして

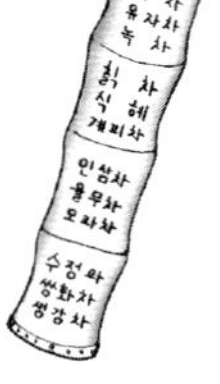

いる姿が、その街の風景にすっかり溶けてた。日本なら、きっと若者の集まるところや、年輩の人の集まるところって、自然と分かれてしまっているのに。韓国ではみんなが、それぞれの時間や空間を共有してる。そして、路地でのＯＦＦの時間をとっても有意義に過ごしてる。

路地で美味しそうにお酒を飲む人たちを見ていたら、時間がいつもよりゆっくり流れてるような気がして、なんだかあったか〜い気持ちになった。駄菓子屋さんの前で「仮面ライダーアイスクリームくださいな」って言ってるシミーズ姿の四歳ぐらいの私が目に浮かんできて、なんだか涙が出そうになってしまった。韓国の街と人が「もっと、肩の力抜いていいんだよ」って言ってくれてるみたい。

韓国の人って不思議。出会う人、出会う人、み〜んな目で会話ができる。十フレーズくらいの韓国語しかわからなかった私でも、ジェスチャーや雰囲気でなんとなくコミュニケーション

がとれる。しかも、パートナーのチョンさんが通訳をしてくれるので、相手の人柄が手にとるようにわかってしまう。食堂のまかないを食べてるおばちゃんのお肉をジーッと見てたら、「サンチュで食べなさい」って、おすそわけもらったり。駄菓子屋のおじちゃんといっしょに記念撮影したら、「これ持ってけ」ってアイスクリームもらったり。韓国って何もかもが陽気。明るく楽しくって気さくな人柄。チヂミはピザみたいだし、にんにくや赤唐辛子をたっぷり使う韓国料理を見ていると、人も料理もアジアのイタリアン!! て言いたくなる。

今回の旅の目的は、「キレイ」になること。ヘルシーな韓国料理をおいしく食べながら(でも、牛肉禁止! 豚肉ok)、韓国のサウナ、エステでピカピカに磨き上げて、二人合わせて六キロのダイエットに挑戦だぁ!

コイケ・ケイコ

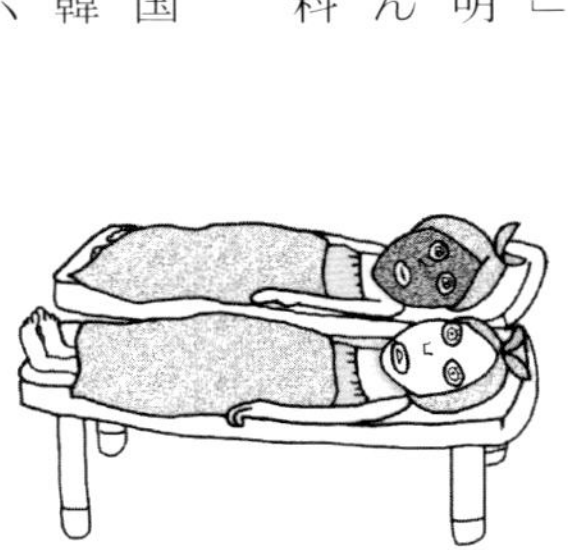

CONTENTS

CONTENTS

CONTENTS

＊本書で取り上げた店、施設のサービス内容、料金などは、二〇〇〇年八月時点のものです。その後、変更の可能性もありますので、ご利用の際は事前に電話等でご確認ください。当時のレートは一〇〇〇ウォン＝約一〇〇円です。

カバー・本文デザイン◇田中明美
構成◇（株）キーワード

1
快汗！汗《ハン》蒸《ジユン》幕《マク》ダイエット

日本語が通じない中級汗蒸幕

一番釜でパニック！

快晴のソウル。午前十時。江南《カンナム》地区の高級住宅街にある汗蒸幕《ハンジュンマク》にチョンさんと入場。私はもちろん、ソウルっ子のチョンさんも汗蒸幕は初経験だ。店の中に入るとすぐレジカウンターがあって、きれいなお姉さんが迎えてくれた。私たちより年上だろうなぁ。でもサラリと着ているワンピースの袖からは、ツルピカの生脚《なまあし》がスラリとのびている。う〜む、これも汗蒸幕効果？　早くも期待は盛り上がる。

さぁ、いよいよ汗蒸幕に入るぞっ！　汗蒸幕ってものすごく熱いお釜なんだそうで、はじめての人には店の人が指導してくれる。麻袋をかぶって準備万端。分厚い石の扉を開けてもらって中に入る。「うっ…」息ができない。教えてもらった通りに麻袋を床に敷かなきゃいけないんだけど、それどころじゃないくらい熱い。

「チョンさぁ〜ん。死んじゃう〜」「私もですぅ〜」

アクセサリーやコンタクトは取って下さーい。
うわっ。これ着るのぉ？イヤーン♥
ちょっぴり恥ずかしい。こんな風に恥ずかしがっていたら、チョンさんはすでに着替え終わっていた。
キルティング生地のカワイイ浴衣
汗蒸幕の扉石でできてる。
広げてみるとこんな感じ。汗をいっぱい吸いとってくれる。裸の上に着用。
keiちゃん一人でワクワク
ちょっぴりススで黒い
麻のかぶり方の指導をしてくれる。麻を頭からスッポリかぶってスタンバイOK。
これを着ただけで女らしくなった気が…
チョンさんお似合い。カワイイ
浴衣スガタ

『ハイ どうぞ』と とても 優しい笑顔で
扉を開けてくれたお姉さん。
地獄への案内人とは思えぬ
とても優しげーな笑顔なのだ。
KEI&チョンの2人は
ドームの中へ・・・・
ウ〜ッ アツイ〜ッ
こんなにあつくて、
ダイジョウブなのお？
というくらいに・・・・
あつい
キャ〜〜〜ッ
please!
please!
ゴンゴン
ズリズリ
この時点ですでに
目をつぶっている。
2人が入ると同時にすぐさま閉めた!!

一瞬にして全身やけどを負ったにちがいないとパニック状態のケイちゃん。「開けて…」と言うのが精一杯。チョンさんは、内側から扉を叩きながら絶叫。

「○×△□〜▽○□！」（後で聞いたら、韓国語で「ムン ヨロジュセヨ＝門を開けてください」と叫んでいたらしい）

意識がもうろうとし始めた頃に、扉が開いてなんとか脱出。まるで小さな空焚《からだ》きの釜に二人押し込められたような気分。私はあまりの熱さにコンタクトレンズが焼き付くと思って、はじめから終わ

一畳ぐらいの"かまくら"に
チョンさんと2人…
閉じ込められたのかと
思ったよ。
ドームの中は熱過ぎて
息もたえだえ…
ずーっと目も開けられ
なかった!!
ものすごく怖い所って思いこんでる…
HELP ME!
助けてぇ〜
開けてぇ〜
ってさけんだのに
誰も気づいて
くれないの。
チョンさんが、
この手で
パ〜ンッと
開けてくれた。
おお怖っ。
蚊のなくような声なの…
チョンさん…
もう…
ダメら…
※中から扉を押せば、ちゃんと開きます。

りまで目をつぶっていたみたい。出てこられて良かったよぉと、チョンさんと二人で抱き合って大笑い。冷静になったら時間が三十秒も経っていなかったことに気づいた。それなのに人生最大といってもいいくらいの汗、汗、汗…。もちろん、やけどなんかしていない。今、私たちのほしいもの、1に状況説明、2に水といったところ。

目を白黒させていたら、汗蒸幕の常連らしき二人のおばさまが、私たちを見ながら笑ってる。チョンさんが今の状況を韓国語で訴えたら、いろいろ教えてくれた。

どうやら私たちは、開店早々のいちばん熱い釜〝炊きたて〟に入ってしまったらしい。観光客をあまり意識していないここの汗蒸幕は、かなり高温で熱するらしく、上手に利用すれば最高に身体にいいらしい。（ということは、外国人の多い汗蒸幕は手加減しちゃってるってことね）私たちが扉を開けたので温度が下がり、次は入りやすくなっているという。

汗蒸幕に3分から5分入って思いっきり汗をかく。外で水分を取って休憩する。これを二、三度繰り返し、アカスリをするとって

「私たち生きてるヨー！」
良かったよおー 全身の毛穴が開いて汗だく。
"どういう事なのぉ〜!?"
今、一番欲しいモノは？と聞かれたら…
「お水」と「説明」デス…
恐怖の扉
―恐るべし汗蒸幕―
水水 水ほしい
説明してくれ〜っ
どうしてこんなにツルツルなの〜?
ピカピカの肌と笑顔がまぶしいベテランのおばさま
チョンさんがさっきの状況を韓国語で説明したの。
"一番最初に入ったからよ"だって。
釜の一番熱い時に入ってしまった。

もきれいになれるらしい。そっかぁ、ならばもう一度チャレンジ。今度はおばさまたちにいっしょに入ってもらう。一回目の恐怖が刷り込まれてしまっている私はまだビクビク。

再び開いた扉の向こうには、はじめて見る世界が…。あら？　石と黄土を積み上げて作ったドーム状の内部は、想像以上に広く、十人以上は入れそう。ふと後ろを振り返ると、タマゴがいっぱい。どうやらドームのなかで温泉玉子のようなものを作っているらしい。美味しそう。

ほんとうは とっても広いドーム。さっきとは、おおちがい。2度目のチャレンジ。チョンさんが「ダイジョウブよ。」と言ってくれるまで目を開けられなかった。奥の方を見るとタマゴがいっぱい。アレレ？おばさん ハダカだー!?
「中ではね。脱ぐといいのよ。出入りするときは必ず麻をかぶるのよ。」
動くと本当にアツーク なる。体に感じる温度が高くなるのデス。
スリムな方のおばさん、いきなり寝てる。すごーいベテラン。
ハンジュンマク タマゴ
美容にとってもいいらしい。

二度目の汗蒸幕に入って2分が経過。玉子もチョンさんもがまん強い。私はもうギブアップ。でも今度はいい汗。骨の芯まであたたまり、新陳代謝が活発になった感じ。きっとあの玉子も美味しくなっているにちがいない。早速注文。四つで千ウォン。

出てきた玉子は手で持てないほどアツアツ。チョンさん思わず、耳たぶに手をやった。韓国でも熱いとそうするんだね。殻をむくと中の玉子が三分の二くらいにギュッと小さくなっている。私たちより先に玉子がダイエットに成功。

カラを割ると
ムギューーッって
小さくなってるのだ。
小さい！と怒ってはいけません
韓国の女性って優しいの。
2つとも タマゴをむいてくれました。
Keiちゃん
ハイどうぞ
ウマイ！
夢中でモグモグ
とっても美味しいのよ。。
美容にイイわよ。
韓国でもアツイときは
手を耳たぶに。日本と同じ。
ほんの少し
お塩をつけて。
4コで₩1,000

玉子の黄身は脂肪分が多いから禁物なんだけど、汗蒸幕効果で油もすっかり抜け落ちた感じ。プリップリッとした不思議な食感。薫製《くんせい》みたいな香ばしさがあって何個でもいけそう。従業員の人たちも車座になって食べ始めた。なんだかとっても家庭的。

冷たいお水をいただいて、ゴロリと横になったら、なんと従業員のみなさんも全員ゴロリ。まるで幼稚園のお昼寝みたい。お客さんと従業員がいっしょにこんなふうに横になるなんて、日本では考えられないよね。

汗蒸幕の入り方講座だよ。

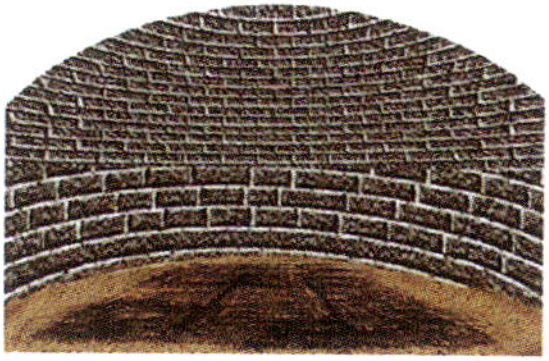

・初めに入る時はドアを少し開けてから入りましょう。熱がこもっています。注意しましょう。

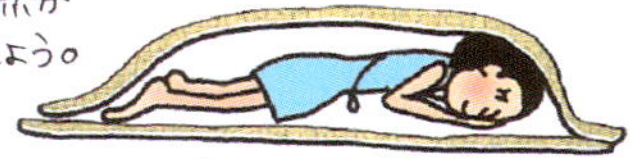

＋こんな風に麻の中にスッポリ入る。中で横になろう。

＋2〜3回繰り返し入る。ものすご〜く血行がよくなって新陳代謝UP!!

でも、この大らかさが韓国の魅力。友だちの家に遊びに来ているみたい。言葉の壁なんてどこかにいっちゃったようなリラックスムード。次はミストサウナ。ジェットコースターの安全バーを取っちゃったようなイスが並んでる。

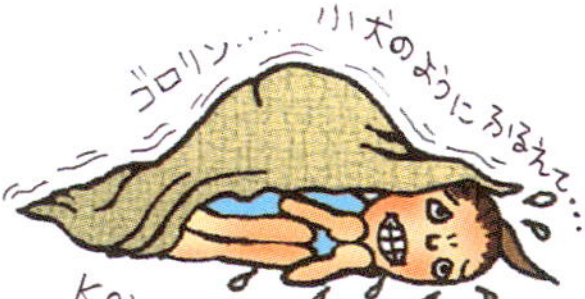
ゴロリン……
小犬のようにふるえて……

3〜5分入ってタップリ汗をかきましょう。毛穴が全開。汗だくになりながらジ〜ッとガマン。ドームに入っていきなり汗がにじみ出てびっくりするハズです。

Keiちゃん、またもや失敗!! 手も足もはみでたー!! カブト虫の幼虫みたい。アツくてたまらない。汗だくで減量まちがいナシ。

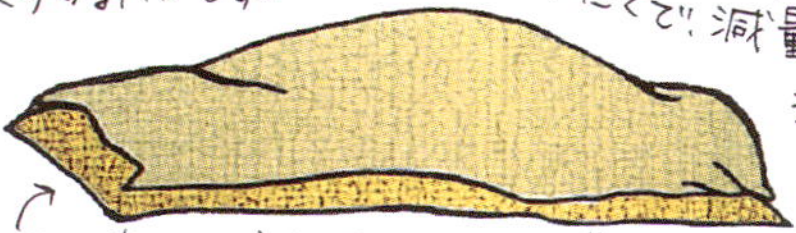

↑この中にはきちんとチョンさんが入ってます☺

注：水分はこまめに取りましょう。

もしも こーんな安全バーがついていたら・・・・・
絶叫マシーン・ジェットコースターのイスみたい。
笑う〜〜〜っ。
ある意味、あつくて絶叫したけれど。
"不思議イス"。このイスが横一列にズラリと並んでいます。

《床のタイル》
✧色合いキュート✧
小洒落《こじゃれ》たタイルでしょ。
✧一体、何色のタイルをつかっているの？
適当に並べた感じ

ムムムけっこう熱い。蒸し器で蒸されてるみたい。気分はシュウマイ。ものすごい量の水蒸気と吹き出る汗。みるみるやせそうだけどアッツイよぉ。３分くらいでギブアップ。どうやら、このミストサウナも私たちがいちばん乗りだったらしい。

やっぱり最初は熱い。一分もガマンできない。一番奥のはじっこ、どういうワケか最高にアツイ〜〜〜。
✧カラフルでカワイイイス✧
✧プラスチック製。食堂とかどこでもよく見かけるイス✧

まちがった座り方。

最初あつくてビックリ。

思わず"和式トイレ"

座りになったkeiちゃん。

「うわーっ!なんじゃこりゃー」

ハンパじゃなくアツイッ。

アッツイー
やけどしたら
どうするんだ!

汗蒸幕と同じでいちばん風呂は熱いのだ。入る前に少~し扉を開けて、熱気を逃がしたほうがいいみたい。

お次はヨモギ蒸し。トイレみたいな個室になっていて、穴の開いた板の上に腰を下ろす。チョンさんも私もお腹が

時間がたつと……
ココチよくて
ふざけて
みる。

モゾモゾ

中身は
こうなってる。

グッ
グッ
グッ
ミノ虫!

ミノ虫をやっていたら、
ヨモギのケムリはMINT
の香りがするって発見!
所要時間は20分。
チョンさんもkeiちゃんも、
気持ちよくって寝てしまったよ。
身体も気分もサイコーに
リラーックス♪

ヨモギ蒸し

この穴から
ケムリが
出てくる!!
この棚の
下に
ヨモギが。
◀拡大図▶
ヨモギと
漢方の
いぶした
香り
煙りが
たちこめる
ガスコンロを使用
この窓から、となりの
人とお話できます。

雑誌があったよ。→
✧マントをすっぽりと
かぶって、洋式トイレに
座るように。
✧正しい座り方✧

よじれるくらいに笑った。だって本当に洋式トイレみたいなんだもの。しかも、それに黒マント姿でしゃがむスタイルがなんともおかしい。

ヨモギと漢方を配合したものを焚《た》いて、その煙で下半身を温める。

ヨモギ蒸しの効能

- 血行がよくなる。
- 冷え症に。
- 腎臓病に。
- 膀胱炎に。
- 新陳代謝up

- 女性特有の病気
  - 生理痛
  - 生理不順

下半身をあたためて行う療法。韓国に古くから伝わる。

韓国では婦人病の療法としてよく知られている。冷え性にも効くらしい。腰を下ろすと、熱い！　思わず和式トイレの座り方になっちゃった。

最後はアカスリとマッサージの部屋へ。そこには水着姿のマッサージおばさんが二人、アカスリ手袋を手にニコッ。私は水揚げされた魚のように台の上ですっぽんぽん。恥ずかしい。でもチョンさんは平気。韓国の女性は同性どうしで裸になっても、全然隠さない。

熱いお湯をザバッとかけられ、アカスリ開始。隣の台のチョンさ

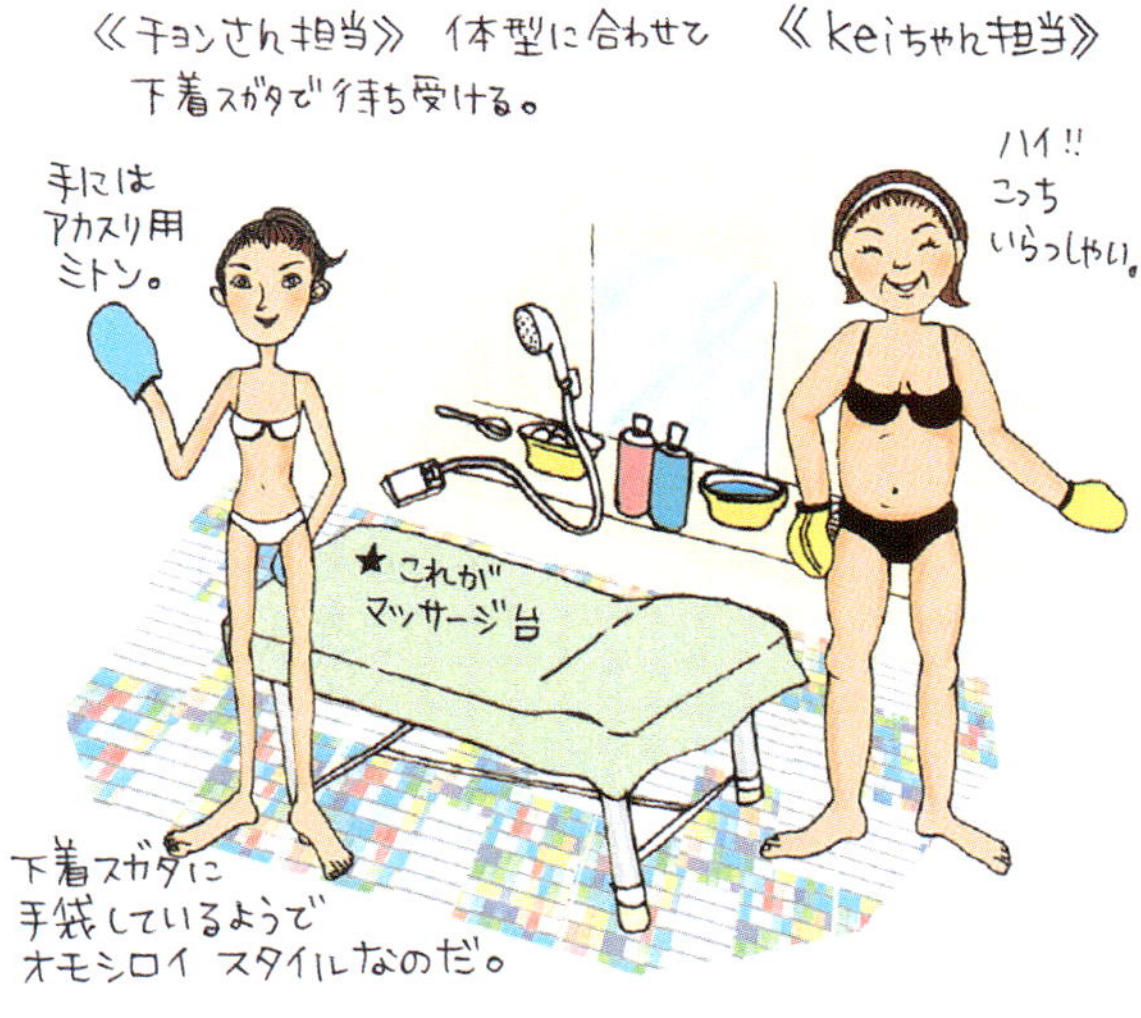

《チョンさん担当》
体型に合わせて
下着スガタで待ち受ける。
《keiちゃん担当》
手には
アカスリ用
ミトン。
ハイ!!
こっち
いらっしゃい。
★これが
マッサージ台
下着スガタに
手袋しているようで
オモシロイ スタイルなのだ。

んはとっても気持ちよさそう。韓国の人は子供の頃から親にアカスリをしてもらっているから、くすぐったく感じたりしないんだって。子供の頃に戻ったみたいにすごくリラックスできるんだね。私は痛いやら、恥ずかしいやら、くすぐったいやらで、変な笑みがこぼれちゃう。オシリの割れ目も胸もゴシゴシやられちゃう。話には聞いていたけど、ものすごいアカの量。最後にザバッとお湯をかけてフィニッシュ。

　続いてマッサージ。顔に海藻ときゅうりのパック。う〜ん、火照

きゅうりパック
細かくきざんだ
きゅうりのパック。
ひんやり〜りしてて
気持ちイイー
マッサージも アカスリも
恥ずかしいような…
くすぐったいような…
慣れていない私は
涙が出る程 笑った
生クリームみたいな
香りのMILK。
口にも そそいで
くださいナ。
MILKを とつぜん
お腹に。
ツメタイ
ビックリして固まってしまった。
ギュッ
ギュッ

った顔がヒンヤリして気持ちいい。髪にも玉子のパック。そして身体のマッサージ。まずは冷たい牛乳をおへそにジャーッ。続いてオイルマッサージ。足の裏から順番に、強弱をつけながら丹念にもみほぐしてくれる。

あれっ？ さっきから足の裏にプニョプニョと不思議な感触が。目を開けてみたら、なんとマッサージのおばさんのオ・ナ・カ(笑)。足の裏でもはっきりわかるくらいツルッツルッ！ すご～い！ う～む、おそるべし！ 韓国アカスリ!!

✧oilマッサージ✧
足の裏がプニョプニョとサイコーに気持ちイイと思ったらおばさんのお腹にあたっていたからなのね。はじめてだ。こんな足の裏の感触はっ！ ほとばしる大粒の汗。こんなにガンバッテくれるなんて感動してしまう。

✧足の指がお腹にうまった拡大図デス✧

パック中で目を閉じていたのでわからなかった。あまりに気持ちよくって薄目をあけて見てみたら…。

プニョプニョ ヌルーーー。
プニョプニョ ジュルジュル

足のうらに感じるお腹でございマース

足うらマッサージのNewバージョンかと思ったさ。

「アサ女性専用火汗蒸幕」江南区論峴洞190-5　Tel 3446-5336
☞「아사여성전용불한증막」강남구 논현동190-5

泥んこの後はチマチョゴリでおめかし

泥サウナで遊ぼう！

泥サウナと聞いて、ワクワク！　子供の頃の泥んこ遊びを思い出しちゃった。てっきり、泥沼にボッチャン！　かと思ったら、奥にある鏡の前で、おばちゃんがハケを片手に、手招きしてる。どうやら泥を塗ってくれるらしい。

土粘土をゆるくしたみたいな泥を顔からチョンチョンチョンと塗っていってくれる。ヒンヤリして

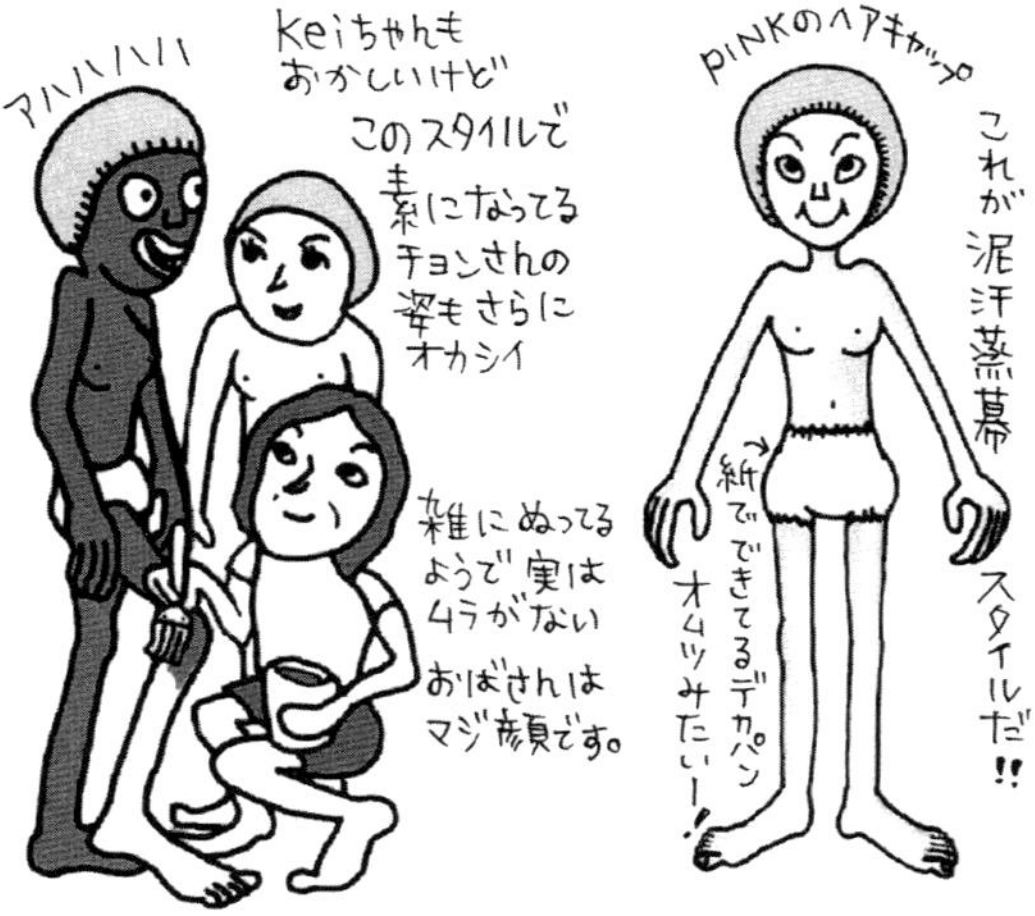

PINKのヘアキャップ
これが泥汗蒸幕スタイルだ!!
紙でできてるデカパンオムツみたい−！
アハハハハ
Keiちゃんもおかしいけど
このスタイルで素になってるチョンさんの姿もさらにオカシイ
雑にぬってるようで実はムラがない
おばさんはマジ顔です。

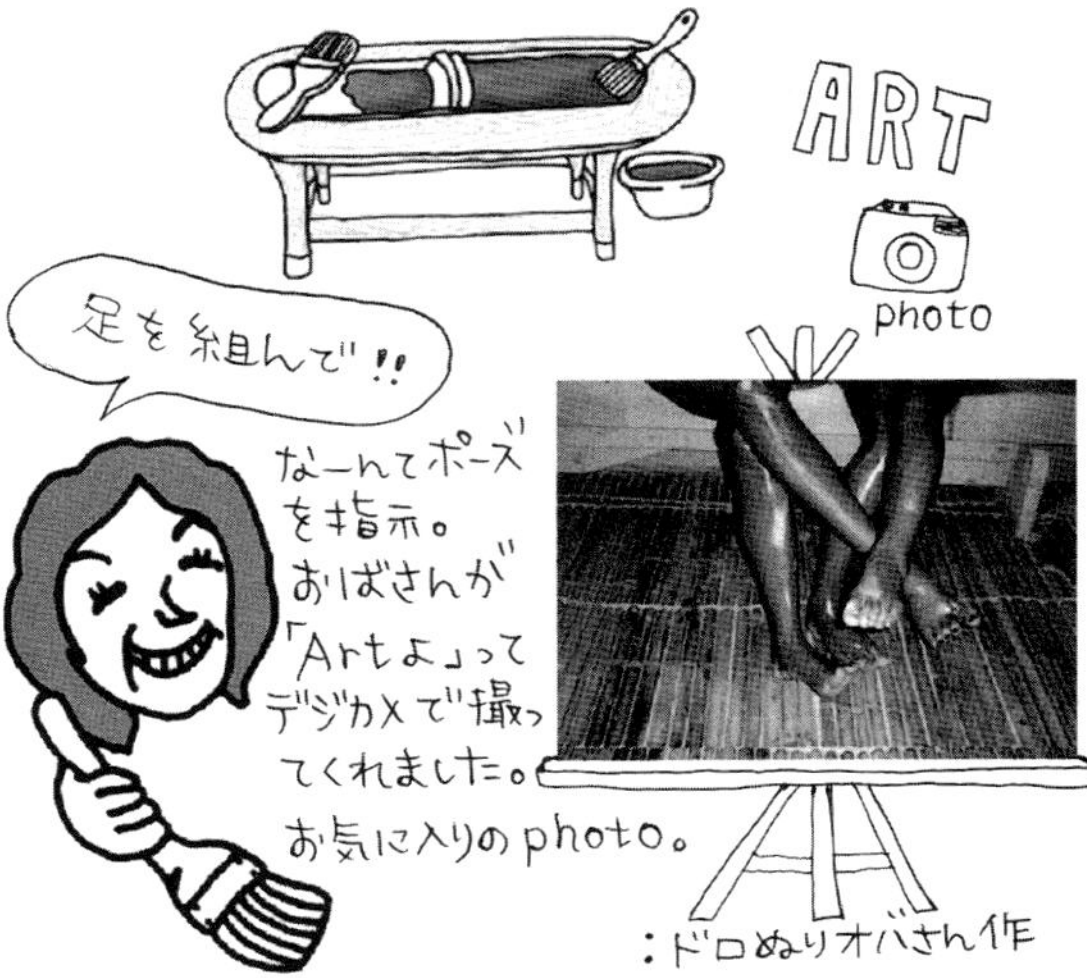
ART
photo
足を組んで!!
なーんてポーズを指示。おばさんが「Artよ」ってデジカメで撮ってくれました。お気に入りのphoto。
:ドロぬりオバさん作

て気持ちイイ～。仁王立ちで泥を塗られ、〝泥魔人ケイ〟誕生。もう笑いが止まらない。一体ここで、何人の人々がこうして笑いあったのかなぁ。

チョンさんが塗られている間にひと足お先に乾燥室へ。泥を乾燥させて、泥の成分を肌に浸透させる。土壁と木でできた乾燥室はスースーしてて涼しい。換気扇が回ってるだけのような気がするけれど、水分がたちまち蒸発してゆく。そこへ〝泥魔人チョン〟登場。

乾燥室で記念撮影。二人とも手まで泥だらけなのでデジカメを渡

kei
チョンさん

：ドロぬりオバさん作

♡これもカメラマンは
ドロぬりおばさん。
keiちゃん（左）の
鼻の頭、白っぽく
乾いてきてます。

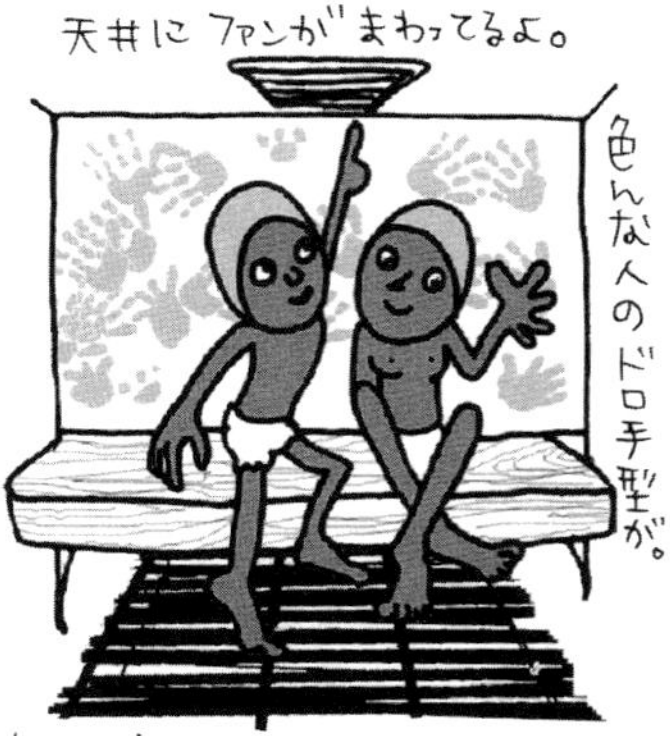
天井にファンがまわってるよ。
色んな人のドロ手型が。

乾そう室：なかなかおしゃれ。
土カベにドロの手型がArt
っぽい。乾くまでの時間が
遊び時。笑い時。

して撮ってもらった。でもこのおばちゃん、すごい！「アートよ！」と、言って、チョンさんと私の足をからませて、パシャッ！後から見てみたら、とても素敵な絵になっていた。泥がパリパリ乾燥しはじめたら、ジャグジーにドボン！　適温のジャグジーの中で泥を流し、シャワーを浴びて終了。

その後は日本酒風呂へ。ポカポカ身体の芯からあたたまります。

日本酒風呂と名付けたぐらいだからきっと美容にいいんだろうな。日本酒を醸造《じょうぞう》している人の手が真っ白でキレイという話を突然思い出して、顔をぶくぶくしずめてしまった。身体が芯からあたたまったら休憩室に移動して水分補給を。

コーラ、オレンジ、グレープ、アイソトニック飲料…。思わず「コーラ！」と言った私に、フロントの人が「ダメダメー。コーラじゃないでしょ！　せっかくきれいになったんだら、これにしなさい」と、グレープジュースを渡された！　ここは素直に「ハイ」と１００％のジュースを購入。韓国の人ってすごい！　日本だったら「お客がそう言うんだから」と、

日本酒のオフロは
美白，高血圧，
神経痛によい。
ほかほか
あったまるぅっっ
・ジャグジーのオフロ・
ここにいきなりザブーン！

ジャグジーの泡が，みるみるうちに、体のドロを落としてくれます。この中で，だいたいの泥をこすり落としておきます。

それからシャワーへ。

チュルヘ
味しない…

Keiちゃんは飲みました
・日本酒ブロ・

すっとコーラが出てくるはず。でも、これが韓国流サービス。韓国人の真っ直ぐな親切心なのだ。

　ここではチマチョゴリの試着もできる。さわるのはじめて！　シャリシャリした素材。ん？　これはリボンの素材に似てる。それからベールとかにもありそうな素材。初めてのチマチョゴリは、フワフワで軽いのにビックリ。写真で見てる限りだと、日本の着物のようなイメージだったから。私好みの渋い黒いチマ（スカート）を発見。素敵。これに渋い紫色のチョゴリ（上着）を合わせよう。す

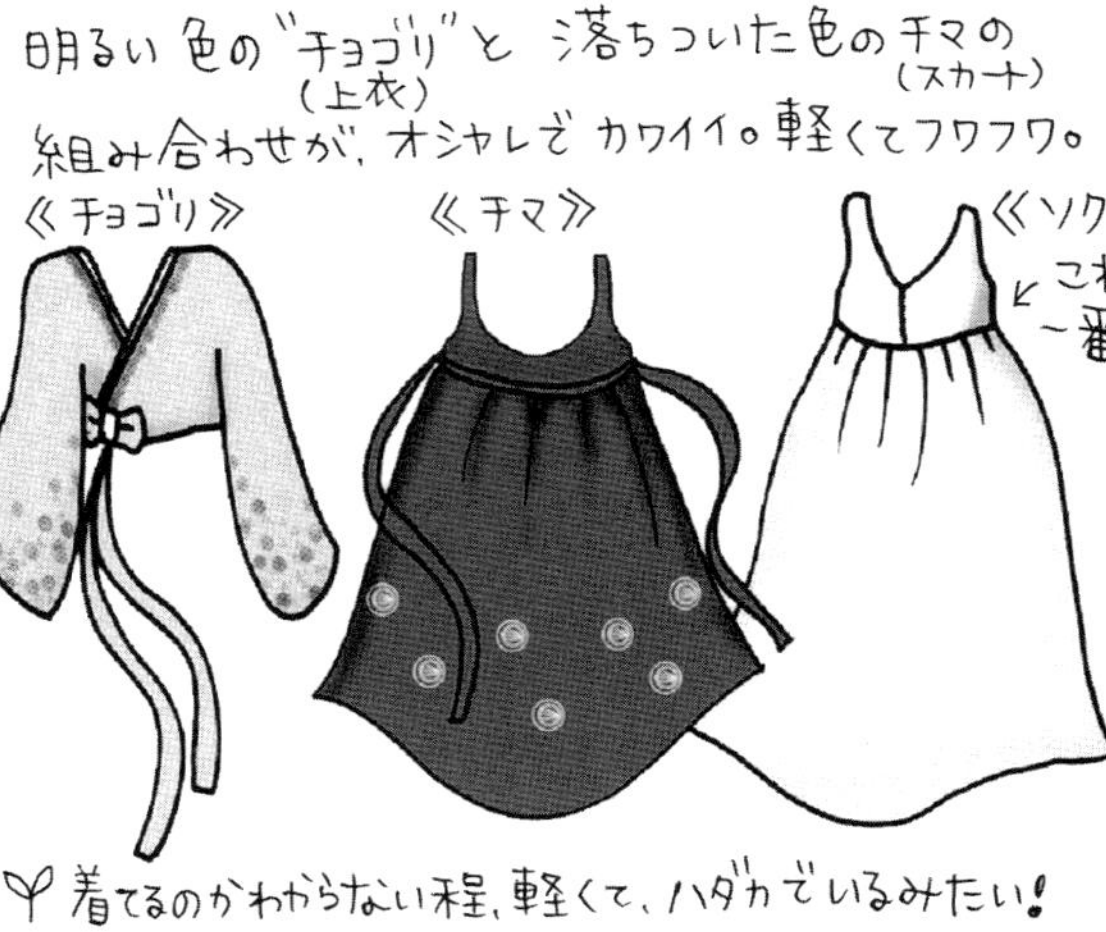
明るい色の"チョゴリ"(上衣)と 落ちついた色のチマ(スカート)の
組み合わせが、オシャレでカワイイ。軽くてフワフワ。
《チョゴリ》
《チマ》
《ソクチマ》
これは、一番下に。
着てるのかわからない程、軽くて、ハダカでいるみたい！

ると店員さんが、
「こっちの方が映《は》えます！」
と、コーラのときのようにキッパリ（笑）。チョンさんがピンク系、私が黄色のチマチョゴリに決定。「韓国に行ったら、韓国人のいいなりになるほうが楽しいよ」って誰かが言ってたもんね。

まずは前空きの白いソクチマという長いシミーズみたいなものを着て、それからチマをぐるりと巻いて。チョゴリを羽織れば完成。それから、頭に冠《かんむり》みたいな飾りをつけて…と。

鏡に映った自分にビックリ！

《チマチョゴリの中の姿勢》
楽ちん♪
まんめんの笑み。
・ヒザをかかえる。
・手はヒザの上に
重ねて。
あぐらをかいて片足はたてる。
韓国の女の子のきちんとした座り方

さすが‼ チョンさん‼
キマッてるぅ――‼
笑顔がきれい。
keiちゃんもウレシイ‼

こんなにも女の子チックな私は成人式以来。屏風《びょうぶ》の前で、チマをぜーんぶ広げてあぐらをかいて座る。右膝を立てる。両手をお行儀よく右膝の上へ重ねる。日本人の私には不思議な座り方に思えたけれど、あぐらの立てひざはココチよい。子どもの頃、ご飯のときに「そのヒザ！」と、お母さんに注意されたあのスタイル。胸の下からフワリと広がるチマは、ウエストなど気にせずに着ることができて素敵。チョンさんとケイちゃん浮かれ気分。今度は韓国メークもキメたいね。

「江南泥汗蒸幕」江南区論峴洞 98-11　Tel 544-1008
☞「강남머드한증막」 강남구 논현동 98-11

日本語が通じる高級汗蒸幕
一人でも大丈夫！

韓国語のまったくわからない私でも、一人で韓式エステを楽しめることを実証してみよう！　ということで、江南《カンナム》駅の近くにある日本人向け汗蒸幕に挑戦。

受付で、カッピングとウブ毛抜きのオプションを選択。ここで、韓国サウナ特有のワンピース風ガウンを渡される。しっかりした綿素材で、チェック柄がすごーく可

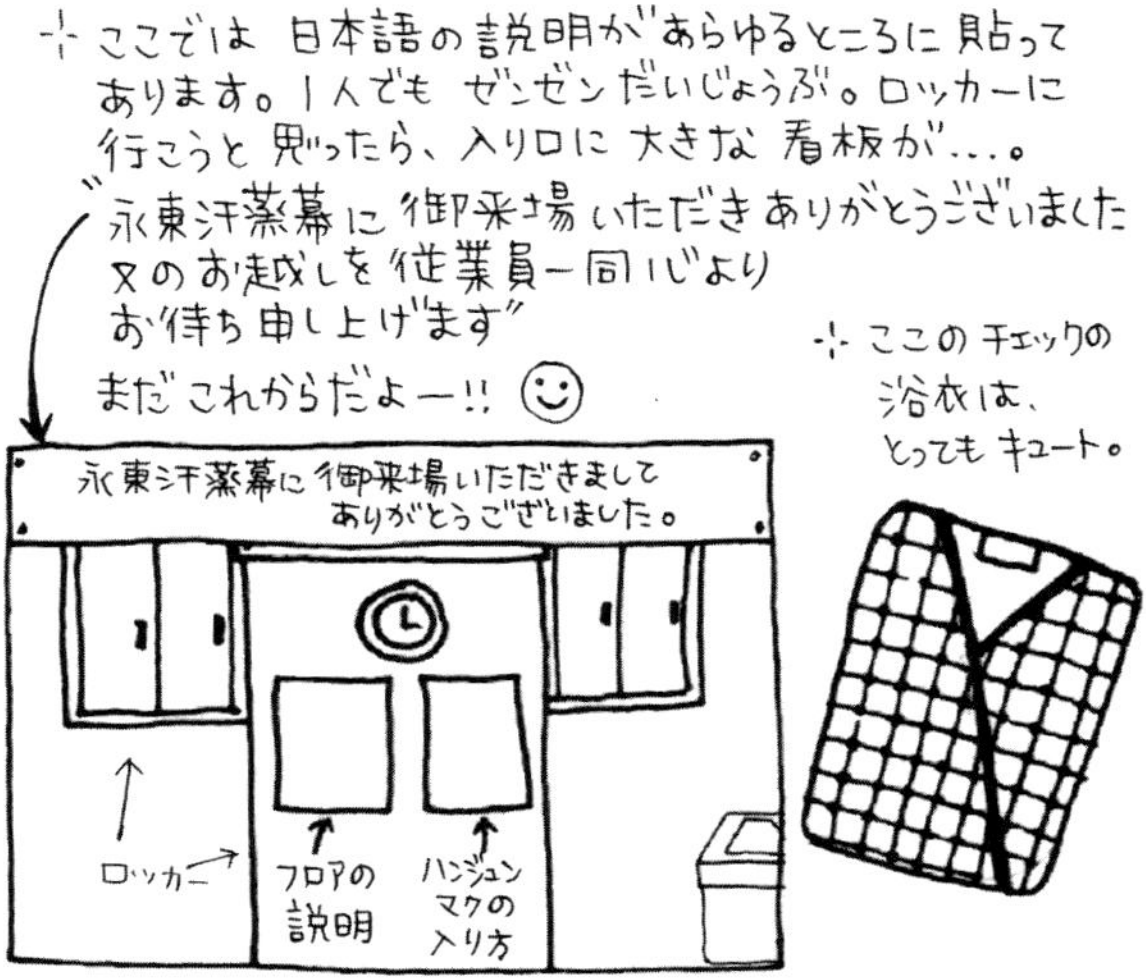

ここでは 日本語の説明があらゆるところに貼って あります。1人でも ゼンゼンだいじょうぶ。ロッカーに 行こうと思ったら、入り口に大きな看板が…。
"永東汗蒸幕に御来場いただきありがとうございました 又のお越しを従業員一同心より お待ち申し上げます"
まだこれからだよー!!
永東汗蒸幕に御来場いただきまして ありがとうございました。
ロッカー
フロアの説明
ハンジュンマクの入り方
ここのチェックの浴衣は、とってもキュート。

愛い。コースの内容を日本語でていねいに説明してもらって、いざ出陣。ここはあらゆるところに英語と日本語で、説明書きがある。ドライヤーの使い方も、使い終ったタオルも、どうすればいいのかよくわかる。

三階が各オプションの部屋に分かれていて、まずは、ウブ毛抜きの部屋へ。ここは4～5人のスタッフがスタンバイ。両手の親指と人指し指に絹《きぬ》の細い糸を8の字に交差させて待ってる。スタッフの女の子があぐらをかいている側に寝て、目をつぶったら、速攻で始

こんな風に糸を8の字によじって顔の上をすべらせてウブ毛を抜くの。
✧まぶたと鼻の下は痛いのデース
所要時間20分
新陳代謝がUPします。
チクチクと痛いけどだんだん顔がHOTに。このHOTな感じが、ニキビ＆シワに効くんだそうデス。
イテッ
✧終了後はお肌がツルツル。まゆげもきれいにととのえてくれる。ウブ毛がいつもナーイッ！感動デス。
※希望すれば、手足もやってくれるんだそう。

まる。チクチクッ！　絹糸《きぬいと》が顔の上をすべって、チクチクチクチク不思議なくらい毛が抜かれてゆくう。ガマンできない痛みではないのだけれど、顔のウブ毛は剃った事しかないもの。マブタと鼻の下を抜かれるときは、「オー！」と叫んでしまった。眉毛の手入れを初めてしたときの痛み。ここのスタッフのお顔はツルピカで、どうやらみんなで抜き合っているらしい。痛みに慣れてきて、気持ちよくなってきたころフィニッシュ。顔の表面はツルツルスベスベに。血行がよくなるので顔がポカポ

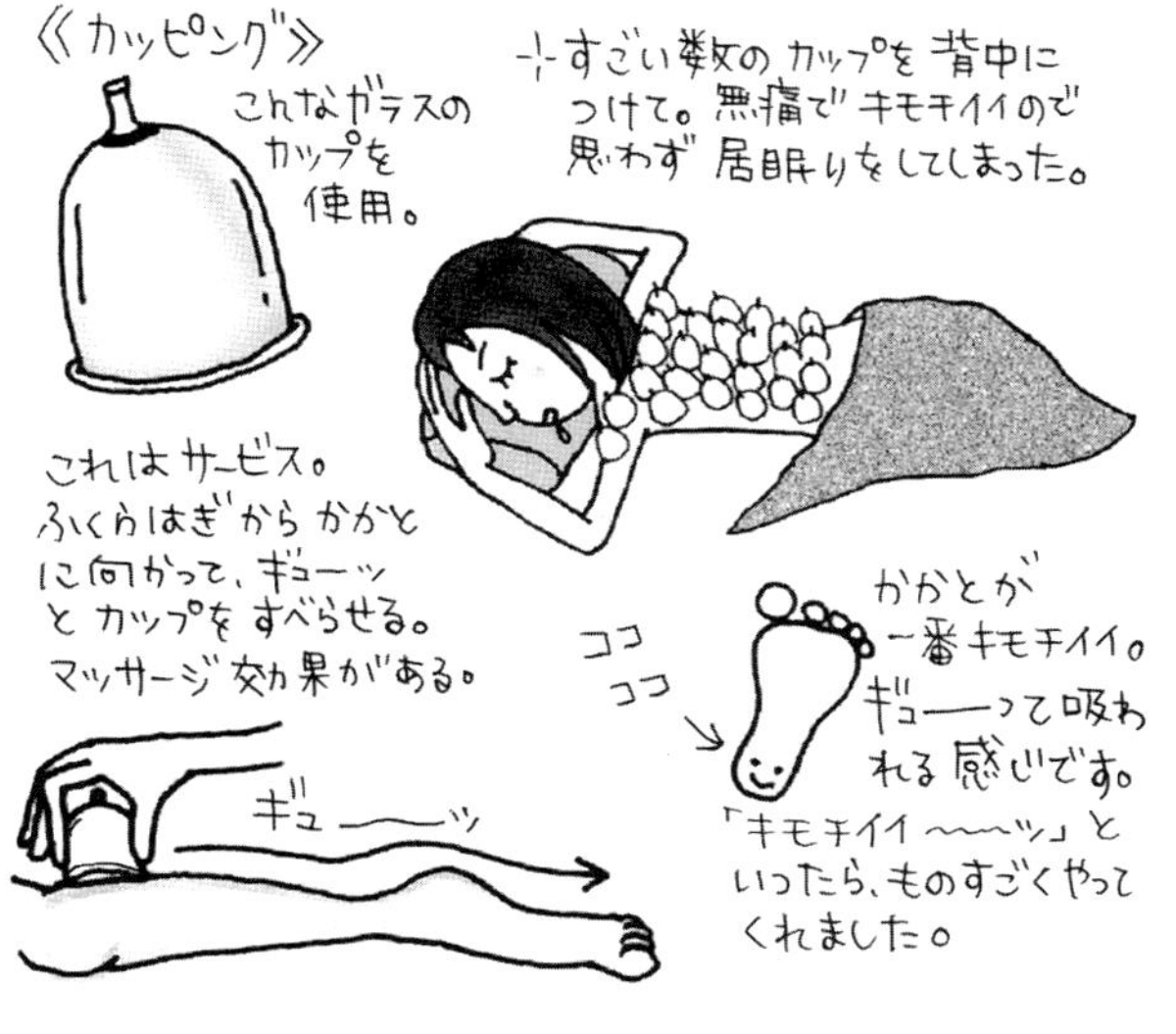
《カッピング》
これなガラスのカップを使用。
すごい数のカップを背中につけて。無痛でキモチイイので思わず居眠りをしてしまった。
これはサービス。ふくらはぎからかかとに向かって、ギューッとカップをすべらせる。マッサージ効果がある。
ギュ――ッ
ココ
ココ
かかとが一番キモチイイ。ギュ――って吸われる感じです。
「キモチイイ～～ッ」といったら、ものすごくやってくれました。

カ。シワやニキビにもいいらしい。

そしてカッピング。これは日本のエステで経験済み。部屋に入ったら、「じぇーんぶ脱いでくださーい」と言われて、笑ってしまった。どうもセリフは決まってるらしい。透明のカップを背中にあてて、軽く中の空気を抜いていく。カップが背中じゅうにポコポコくっついて、恐竜みたい。日本のエステでは、ちょっと痛かったけど、ここのは無痛。半年前に肩の骨を折ったことを伝えたら、「サービスサービス」って肩にもカッピングしてくれました。太っぱら。

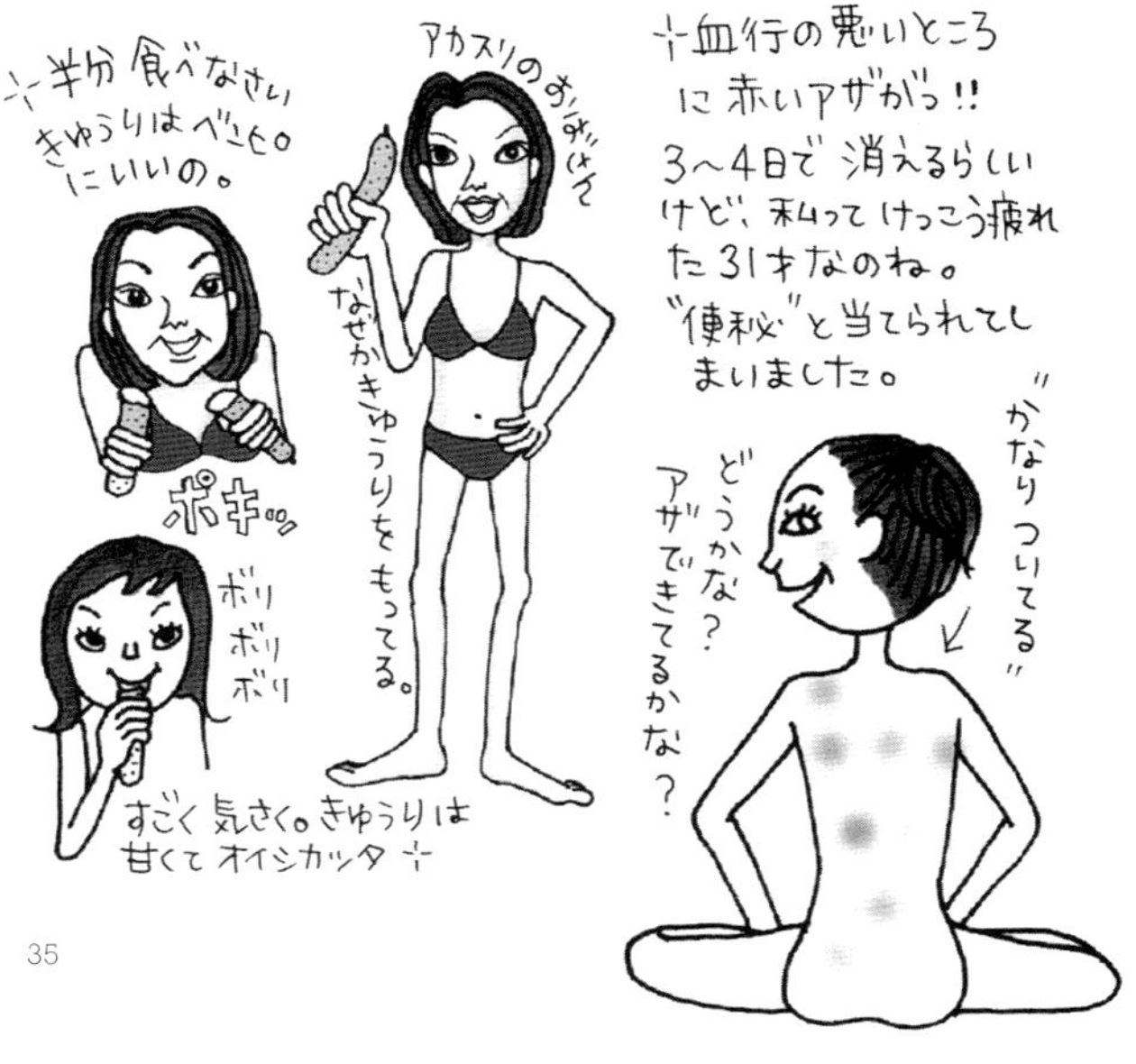
半分食べなさい
きゅうりはベンピにいいの。
ポキ
ボリボリボリ
すごく気さく。きゅうりは甘くてオイシカッタ
アカスリのおばさん
なぜかきゅうりをもってる。
血行の悪いところに赤いアザがっ!!
3〜4日で消えるらしいけど、私ってけっこう疲れた31才なのね。
"便秘"と当てられてしまいました。
"かなりつりてる"
どうかな？
アザできてるかな？

ワーイ!にんじん風呂だぁ。
1人占め状態です。
チョンさんがいたら、もっと
楽しかったのにーっ!!
すごい泡で、ウレシク
なっちゃうヨーっっ

ここから湯が出てる。
アブクブクー

しかも、ふくらはぎや足の裏までしてくれました。韓国人って、人が喜ぶことをするのが大好きなんだよってチョンさんが教えてくれたけど、本当だぁ。

そして人参風呂。モコモコの大あぶくがお風呂にコンモ

この人参の泡って割と
しっかりしてるんだなぁ。
こんな風に体に
くっつけて。。
これなら写真をとっても
OKだわ♥
ニコ

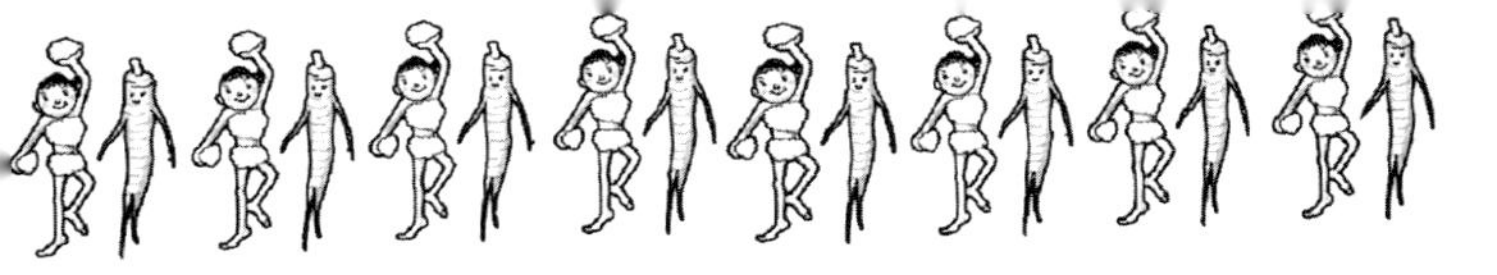

《人参ブロの効能》

- 皮フの美容
- 高血圧
- 老化防止
- 神経痛

お肌の保湿効果は 入ってすぐに感じることが出きます。

り浮かんでる。高麗人参《こうらいにんじん》が蒸されて出て来たエキスから自然にできる泡だそう。お湯の温度も高めでイイ気持ち。一人占めの人参風呂で、泡をタワーのように積み上げたり、もぐってみたり。これなら写真を撮っても大丈夫。

『アカスリしないー!?』と聞かれて、やったばかりと断りました。

アカ出るよー
いっぱい出るよー
キュッ
キュッ

アカすりは1weekに1回の割り合いがちょうどいいらしい。やりすぎはお肌を痛めます。

遊んでるうちに肌がシットーリ

体はポッカポカ
"人参ブロは体のトリートメントみたいだわ。"

人参風呂の正体をあばいてやる！　と泡をせっせとどかしてお湯を観察してみると、なんとお湯はクロっぽーい。ニガそう。でも香りは弱い。ふざけてるうちに、お肌はしっとりスベスベに。身体のトリートメントといった感じの保湿《ほしつ》効果のあるお風呂で、何度も何度も入ってしまった。これが天然の泡風呂なんてほんと不思議。ここの汗蒸幕は、松の木を焼いて温めてる伝統的なやりかたなんだそう。身体の芯から汗蒸幕であたためて、老廃物を出し切った後、人参風呂で保湿すれば、プリプリ

メインのワカメスープはうす味。他の料理の味がこいめなので、よく合います。魚と野菜のオカズ。エステが終わった後にどうぞ。

お風呂上がりに冷たーい「シッケ」を飲む。韓国の氷菓子のような飲みもの。

アラ!?
日本人なのに
シッケ飲んでるわ!!
ゴクゴク

のお肌に。
　ウフフ。お肌もしっとりしてきたことだし、上がって冷たいものでも飲もっと。「シッケありませんか?」シッケは韓国の氷菓子。お米みたいなのが、下の方に沈んでいる甘い飲み物。一度飲んでファンになってしまった。これ、日本人はあまり飲まないらしい。「何で知ってるの?」って食堂のおばちゃん、ビックリ。そして、ワカメスープ定食を。スープはあっさり味。味が薄いなぁと思っても、他のお料理の味が濃いめなのでバランス良し。

セットンチョゴリ
韓国ならではの色彩。
私の絵の色彩に
似てるんだって。
子供用
色彩がかでキレイ
すごく嬉しい言葉だった。

あなた、もっともっとガンバリなさい。
ポストカードをプレゼントしました
濃い色のコーヒーを
見たのは後にも
先にもここだけ。
知り合ったばかりなのに、
励ましの言葉をいっぱい
くれた韓国人のおばちゃん。

「永東汗蒸幕」江南区駅三洞 826-34　Tel 557-4244
☞「영동한증막」강남구 역삼동 826-34

チョン・ウンスクのアドバイス①

ONE POINT ADVICE

汗蒸幕でケイちゃんと私が食べた玉子は、外側から先に煮えるか、内側から先に煮えるか、どちらかわかりますか？　答えは内側からです。そう、これが汗蒸幕が発する遠赤外線の効果なのです。このことからも、遠赤外線がいかに身体の奥深くにまで素早く浸透するかがわかりますね。それで身体が芯からあたたまるのです。うっかり、炊きたての一番釜に入ってしまって、あやうく蒸し焼きになるところだった私たちですが、石と黄土を積み上げたドームは、熱を保ち、効率よく身体に伝えるために科学的に設計されたものなのです。松の木でドームを３時間ほど加熱すると、通気性のある石と黄土から熱気が発散し、そのとき遠赤外線が多量に放出されます。遠赤外線は一瞬にして皮膚の４、５センチ下まで浸透して発汗を促し、老廃物を出やすくし、新陳代謝を促進させて心身をリラックスさせてくれます。加熱に使う松の木にはアロマテラピーと森林浴の効果があり、抗菌、殺菌、皮膚美容、血液循環、不眠症解消などの効果があります。アカスリをしたい人は、汗蒸幕でたっぷり汗をかいて、皮膚をしっとりさせたほうがアカもよく出ますし、皮膚への刺激も少なくてすむでしょう。

2
混浴サウナにドキッ！

ひのきのおがくずサウナ
新芽誕生！

ドアを開けると、早くもひのきのいい香り。大都会ソウルのビルのなかで森林浴《しんりんよく》気分なんて不思議だね。ひのきの香りはリラックス効果があるんだって。

ヘアーキャップに、黄色の浴衣。おどけたピエロみたいなかっこになったチョンさんと私。おたがいの姿を笑いながら、ひのきの部屋へ。そこには茶色のひのきの

SAUNA

シャベルおばさん
いっしょうけんめい
穴を掘ってくれマス。
pretty
あったかい
なぜだかミョーに
恥ずかしがる
チョンさん

おがくずが、大きい砂場のように敷きつめられている。モワーンと蒸されていて、強烈なひのきの香り。これだけで、眠くなってしまいそう…。

そこに、シャベルおばさん登場。大きなシャベルで、人が一人横になれる穴を掘ってくれる。おばさん汗だく。これは大変そうだなぁ。まずはチョンさんから。あら？ 気持よさそう。ねそべったら、おばさんが掘ったひのきをチョンさんの上に戻す。海に行ったときにやる砂埋め遊びみたい。

「うわー、気持いい」とチョンさ

私のお母さんぐらいの年かな。汗をかきかき穴を掘ってくれます。パワフルだけど、腰が痛そう。
ひのきのイイ香り
リラックス効果が高い。

手早く穴を掘ってもらって横になる。その上に今度は手でひのきをかけてくれます。足もと、背中から汗がジワーーッ。ポカポカあたたまる。うわー極楽！

←すでに血行のよいチョンされ

ん。気持ちよさそうだけれど、顔だけチョコンと出てておっかしいよー！（笑）土の中から新芽誕生って感じ。しかも気持ちよさそうな顔が、本当におもしろい。

お次は私。大きめに掘ってもらって、寝そべると、背中がジワーーーッとあったかい。これは身体の芯まで、ジワジワあたたまりそうだ。足から徐々に、おばさんが手でひのきをかけてくれる。うーん。だんだん重くなってきた！身体全体をおがくずの中に埋めて完了。これで、十五分間のひのきサウナのスタート。

新芽の誕生です
これはもうやってみないとわかりません。本当にオカシクテ オカシクテ。手も足も出ないよー。
きっとちがう生き物に見えるハズ。
もう…笑いが止まらない。
ゲラゲラ
ゲラゲラ
しかしシャベルおばさんは真顔です。

最初、眠れそうだなぁ…。って思ってたけれど、横目でチョンさんを見ると可笑しくって。きっと、遠目でみたら、砂場に二匹、なにか生き物がいるみたいに見えそうだなぁ。想像するだけでおかしくて、二人はおたがいを横目で見合ってケラケラ笑う。身体ごと笑いたくても、手も足もびくともしないからよけいに可笑しい。

しばらくすると、おばさんが韓国語で話しはじめた。

「このひのきサウナは、日本人がオーナーだったんだよ。この設備もみーんな日本人がやっていった

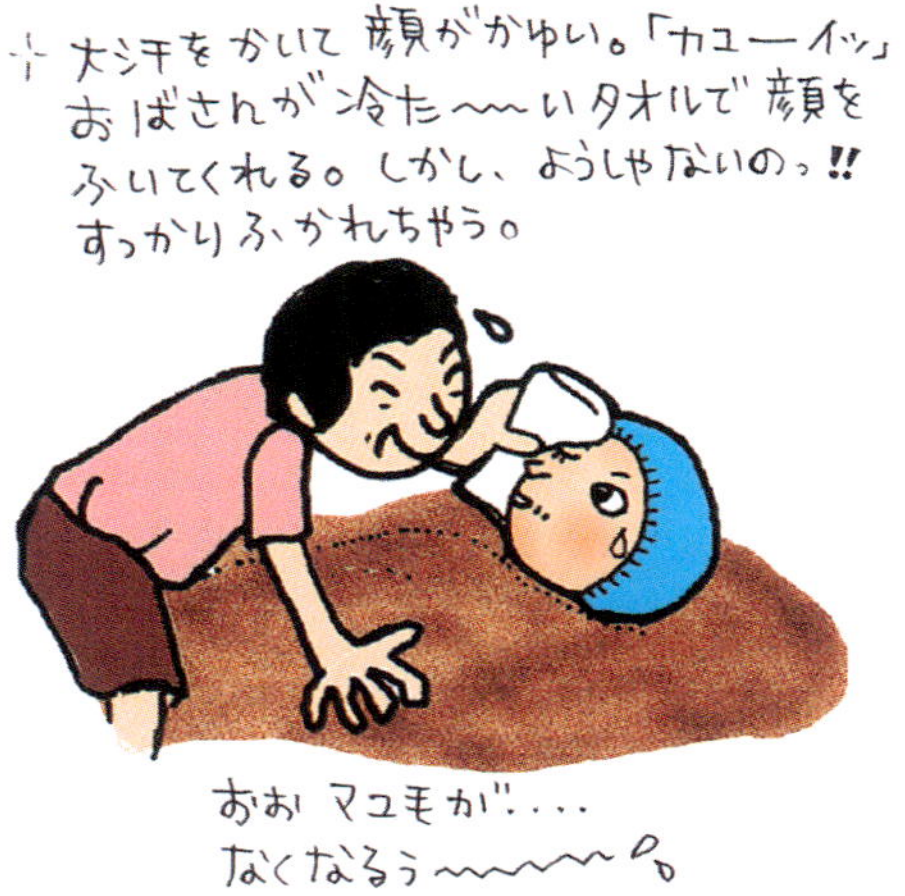
大汗をかいて顔がかゆい。「カユーイッ」
おばさんが冷た〜〜いタオルで顔をふいてくれる。しかし、ようしゃないのっ!!
すっかりふかれちゃう。
おお マユもが‥‥
なくなるぅ〜〜〜〜

んだ。熱くなったら、手をオシリの下にやるといいよ。随分ちがうから。汗をかいたら言いなさい。いや〜近頃景気が悪くてね」

おばさんのおしゃべりは止まらない。手も足も出ない私たちはかっこうの話相手（笑）。おがくずの中では、おしゃべりな人でも聞き上手になれそう。どんどん、どんどん汗がにじみ出てくる。

ひのきの香りには、リラクゼーション効果もあるので、ものすごくイイ気持ち。

「汗が目に入ったよぉ〜」

と言えば、おばちゃんが冷たい

ものすごーく アツイ！

動けないので ジタバタも 出来ないの。
ひのきの中で、手を おしりにしく。
これで オモシロイくらい 体感温度
が下がるの。

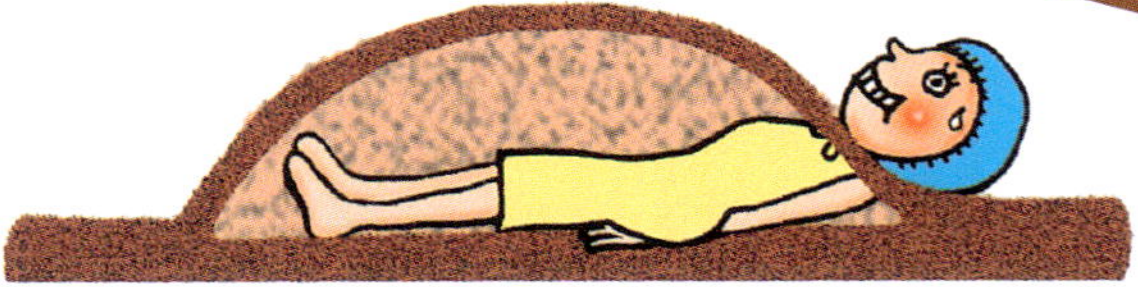

＋横から見た図＋
だんだん アツーくなってゆくぅ〜〜〜♪

タオルで顔を拭いてくれる。なんだかエサでももらってるみたいだわ。順番に顔をしっかり拭いてもらったけど、こりゃ眉毛消えたな。おばちゃんのタオルでスッピン状態にされちゃった。どうにも抵抗できない私。

　さらに熱くなったら、手だけ出してもいいとのこと。これで、一息。ものすごい汗だわ。手が自由になったら、ひのきでオッパイを作ってみる。巨大なものをつくろう（笑）。チョンさんもいっしょにオッパイ作り。これは楽しい。シャベルおばさんも、ケラケラ笑

「ひのき」江南区新沙洞 609-1 2F　Tel 540-4990
☞「히노키」 강남구 신사동609-1 2F

ってた。あと何分かなぁ？　いったん出たいときは、おばさんに言えばいい。でも、一生懸命掘ってくれたから、言いづらいな。
　そうこうしているうちに体内時計が、もう十五分たった！　と言ってる。おばちゃんに聞いてみたら、おしゃべりに夢中で時間を計るの忘れちゃったみたい。ケイちゃんは、もうギブアップ。本当に芯からあったまったー！　下着をつけたまま入るので、これは替えの下着をもっていくべし。ひのきから這《は》い出ても汗はタラタラと出てました。

＋＋＋それでも熱かったら…＋＋＋

手を出しちゃおう。こうすれば体感温度はグッと下がる。チョンさんもkeiちゃんも子供みたいに遊んじゃった。

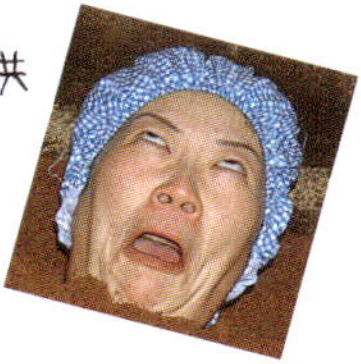

自作のボインちゃんを作ってゲラゲラ。

Tシャツ短パンのサウナ体験①
混浴サウナ初体験!

道路に面した駐車場にポツンと建ってる韓国式の小さな建物。「ずいぶん小さいなぁ」な〜んて思ってたら、それは地下千坪の広大なサウナに降りて行く入口だった。海母水《ヘモス》は今ソウルでブレイク中の男女混浴サウナ。たとえばカップル、グループ、家族でも一緒に入れるサウナなのです。入場料が一万ウォン。八百度の火釜《ひがま》で焼い

これがヘモスの入り口
木造でゴージャスな
作り。とってもリッチ
に見える。が小さく
見える‥‥

駐車場の中にポツンと立っているヘモス‥‥

✧お客さんみ〜んな
同じかっこう✧
の老若男女

ちゃんと入口に
いったら納得。
✧ヘモスは地下に
あるのです。

た麦飯石《ばくはんせき》のサウナ「チムチルバン」がメインで、他に玉、大理石、遠赤外線、黄土《おうど》＋備長炭《びんちょうたん》、漢方薬のサウナや低温の休憩室もある。日本のクアハウス以上に多彩ね。

　まず受付で、Ｔシャツと短パンを借りて着替えます。おじさんもおばさんも、若者もみ〜んな同じかっこうで、♪ラジオ体操第一、よ〜い始めっ！♪　て感じ（笑）。Ｔシャツ持参も可。女の子の場合、金具が肌に当たらない下着を用意していこう。熱くなるからね

　いざ、麦飯石へ。ムムム？　火釜から出てきた麦飯石の側に近寄

ジリ
ジリ
ジリ
ジリ
これが麦飯石だ。
ヘモススタイル
フロントで受付をしましょう。
Tシャツ＋短パン
そしてタオルを貸してもらおう。

ろうとしたその瞬間、アチーーーーーーーーーーッ！　足の裏がやられたっ！　というぐらい熱い。よく見たら、みんな靴下はいてる。ううっ、知らなかった。受付で二千ウォンで売ってたのね。靴下はいて再挑戦。広い部屋の中に柵があって、その中に線路が敷かれてる。みんなその側で、ゴロリと横になったり、おしゃべりをしている。壁には大きなシャッターが。一時間に一回そこが開き、貨車が熱々の麦飯石を運んでくる。その勇壮なお姿に、思わず拍手を送りたくなる。ものすごい熱気。汗がジワッとにじんでくる。身体に感じる熱はすごいけど、普通のサウナとちがって息苦しくない。石の側にいると熱すぎるから、自分が気持ちよいと感じる距離をおいて横になる。ブロックが登場してから、やっぱり、もっと近くに行こうって移動するのはキケン。熱さが増して確実にタコ踊りを舞うことになるでしょう。熱いお湯につかっているとき、お湯を揺らすとアチッってなるのといっしょね。アチッアチッとチョンさんの横で連発してたら、韓国の人がジーッと私を見て、「アチッ、アチッ。

くつ下をはきましょう
チムチルバンの床はとてもアツイ。
くつ下 くつ下
くつ下をはいていなかった2人。ものすごくアツーイ。みーんなちゃんと厚手のくつ下をはいている。フロントで₩2000で売ってくれる。

イルボンイン（日本人）！」って笑ってた。

じーっとしてると、汗がジンワリ。サウナでこんな自然な感じで汗をかけるなんて…。もぅ、普通のサウナには入れません。

となりには玉のサウナと遠赤外線のサウナがある。ここは♂と♀に分かれているので注意。手前の玉の部屋に入ったら、おじさんが英語で「ここは男の人の部屋だよ」って教えてくれた。ごめんなさ〜い。大きなフロアは混浴だけど、部屋によっては男女別のところもあるので注意。別に裸になる

キョーレツにアツイのだ
ジリ
ジリ
ジリ
ジリ
ジリ
ジリ
イルボンイン
アチーッ
アチーッ
アチー
アチー
アチーアチー言ってたら
ジ〜〜ッと見られてた。

わけじゃないんだけど、異性の目を気にせずにリラックスしてくださいねっていう配慮なのね。

玉のサウナは、熱した玉砂利《たまじゃり》が敷いてあって、その玉の上を歩くと水虫に効くんだって。足の裏にはツボが集まっているから、まさに一石二鳥かも。

いろいろなお部屋があって、みんなリラックスしたいい顔でくつろいでる。ここでは社長さんのお話も聞くことができた。最初は無愛想な感じだったんだけど、ひとつひとつていねいに説明してくれた。時おり見せてくれる笑顔が素敵。

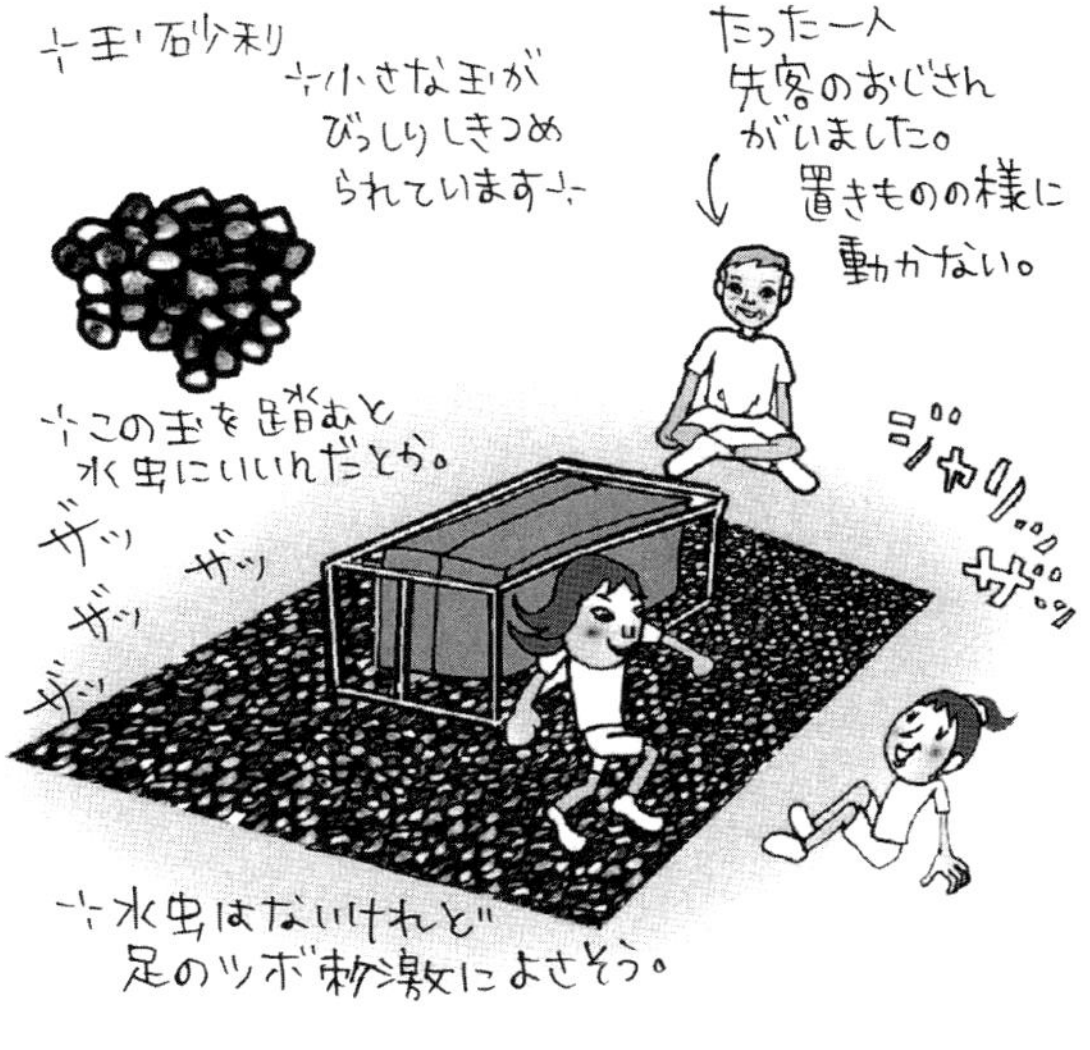
✧玉砂利
✧小さな玉が
びっしりしきつめ
られています✧
たった一人
先客のおじさん
がいました。
置きものの様に
動かない。
✧この玉を踏むと
水虫にいいんだとか。
ザッ
ザッ
ザッ
ザッ
ジャリッ
ザッ
✧水虫はないけれど
足のツボ刺激によさそう。

竹の部屋や、漢方の部屋はサウナの合間に休むところ。低温のチムチルバンもあります。漢方の部屋は本当にリラックスできるいい匂い。シナモンの香りでウットリ。どれも、リラックス効果がある。

　おもしろいのは、黄土の土壁に備長炭が貼られている部屋。太白《テベク》山脈の有名な職人が丹念に焼き上げた炭で、これでゴハンを炊くと最高だとか。

　玉サウナは、血液の循環をよくする。大理石サウナは、タバコのフィルターの役割をしてくれて、汗といっしょにニコチンを身体の

남탕
여탕
君たち、ここは、男性用なんだよ
さっきまでちっとも動かない置きもののようだったおじさんが突然動いた!!
と思ったら「男性用だよ。」というの。どうやら男性専用の所に堂々と入ってしまってたらしい。これはハングルの文字をチェックしないと。右が女性用 左が男性用。
韓国人男性、スネもない!!
妙にツルツルの足。毛がない。

なんなんだこれは!?
炭がボコボコとカベに
はってある。はじめて見た
時ギョッとした。
黄土のカベにびんちょう炭
はたして本当に体に
いいものなのかギモン。

《漢方の部屋》
桂皮(シナモン)の香り。
床にはゴザが敷いて
あって思わずゴロリン。

リラックスしてます。
Keiちゃん&チョンさん

外に排出してくれるんだって。遠赤外線はバイオの力で、やはり血液の循環をよくしてくれる。日本の接骨院の治療にも遠赤外線の治療があるように、熱が人体の中にまで浸透するのだそう。骨折した人が、とても早く治るのだとか。

遠赤サウナは仕切られていなくて、この一角だけ真っ赤で異様な雰囲気だったけど、みるみる疲れがとれていくような気がした。

それから休憩所。麦飯石の扉から受付をはさんで、階段を降りたところにある。ミネラルウォーターを買いに行ったら、みんなが美

体操の国体選手だったらしい。

社長さん
常に真顔。でも実は親切。ときおり見せる笑顔がかわいい。

チョンさんあれなーに？

社長さん、シッケをごちそうしてくれました。はじめて飲んだシッケのとりこになってしまった。麦芽液にうるち米を入れて発酵させたもの。


味しそうになんか食べてる。しかも女の子が二人で一個とか。涼しげな透明の器に、かき氷？「シッケって言うんだよ」と、チョンさん。飲みたそうな顔したら、社長さんがおごってくれました。シッケは、発酵《はっこう》させたもち米と麦芽の汁を混ぜて冷やした伝統的な氷菓子なんだって。シャキシャキ氷が浮かんでいて、溶けかかったかき氷みたい。味はオモユに似てるかな？　下の方に米粒が沈んでる。スプーンで一口すると上品な甘さ！　一口目からファンになってしまった。

シッケは夏の飲み物。

✧また来ようネ✧
チムチルバンは おばちゃんの
たまり場だと 思っていた、
チョンさん。若者や カップル
も いっぱいの ヘモス で
がらりと イメージが 変わった
らしい。keiちゃんは
ここの シッケが
大好きだーっ。

ウマーッ
ゴク ゴク
うーん 家庭的な 味で 美味しい ですネ〜♥
韓国式では 器をもつのは
行儀が わるいんだって。

さぁ、シャワーに行こうなんて言ってたら、あれれ？　あんなにかいていた汗がひいて、サラッとしてる。別にシャワーをあびなくても帰れるぐらい。韓国は日本と比べて湿度が低くカラッとしてるせいもあるんだろうけど、これはすごい。チムチルバンの遠赤外線を長く身体にとどめておくためには、シャワーやお風呂を使わずに帰ったほうがいいんだとか。身体が全然ベトベトしてないから、私たちもそうしよう。

あぁ、なんだか今夜はよく眠れそう。

「海母水」瑞草区盤浦２洞盤浦12　Tel 533-6303
☞「해모수」서초구 반포2동 반포12번지

いきなり日本語モードに入ってしまった、日本生まれのTAXI運転手。
フランク永井の歌を歌ってくれました。もうずーっと乗っていたかったヨー。
サイコーに驚いてる駐車場のおじさん。
入り口どこですかぁ?
あっまだ日本語モードだー あははっ
内蒙古麦飯石

Tシャツ短パンのサウナ体験②
日中韓で国際混浴!

「私は日本で生まれたんですよ」

ソウル北西部の仁旺山《インワンサン》のふもとにある麦飯石サウナに向かうタクシーの中。日本語でおしゃべりしていた私たちに、運転手さんがとつぜん日本語で話しかけてきた。私たちの言葉を聞いていて、長いこと切り替えてなかった日本語モードにスイッチが入っちゃったみたい(笑)。「歌も歌えますよ〜」

って、フランク永井の、私も知らない歌をうたってくれた。もう何年も何年も日本語をしゃべったことがないなんて、うそみたい。お父さんのお墓も日本にあるんだって。この運転手さんにとって日本はどんな国なんだろう…、って思っていたら、もうサウナへ到着。

「入口、どこですかぁ〜〜〜?」って運転手さんが日本語で聞くもんだから、駐車場の人もびっくり仰天!(笑)私もチョンさんも思わず笑っちゃいました。

坂をのぼって入口へ。新築の体育館みたいにきれい。入口付近に

☆男の子と一緒に入るなら、先に、中での"待ち合わせ場所"を決めてからそれぞれのロッカーへ行こう。
10分後ねーっ!!
☆まずは入浴料を払ってロッカーキーをもらおう。Tシャツ・短パン・タオルもここで借りましょう。
☆入口で入れた靴のロッカーキーはここであずける。

は、大きく「内蒙古麦飯石《うちもうこばくはんせき》」と彫られた立派な記念碑が立ってる。受付もこれまた立派な大理石でできてる。ここも「海母水」と同じ混浴で、この受付を境に男女が右と左のロッカールームに別れてTシャツ、短パン、靴下（今度は準備万端！）に着替える。身につけるものがみんな白いのは、遠赤外線を吸収しやすくするっていう科学的な理由がちゃんとあるんだってさ。おっと、サウナ浴の前にシャワーを浴びなくっちゃ。

　あれっ？　韓国語以外の言葉が…。そう、中国から来た団体さ

・東屋風の休けい所
みてみて!! 東屋。かわいいよお。涼しくて気持ちイイ。
外の空気が吸えるっていいね。解放感。

内蒙古麦飯石
10
9
8
7
どこからともなく人が集ってくる

麦飯石登場10秒前。ホラ!!出てくるよ。

ん。このサウナは中国人向けのパックツアーによく含まれているんだとか。それにしてもこのサウナ、本当に広い。メインのサウナ室だけで３００坪もある。しかも、一面が庭園を望むガラス張りなので解放感がある。室外に出て外の空気を吸うこともできる。麦飯石サウナで汗を流してから、外の空気に触れるなんて、日本の露天風呂みたいに優雅な気分。人工芝が敷かれた広いテラスには、わらぶき屋根の小さな個室の休憩所。テラスから見る仁旺山の緑も美しい。ソウルってビルが林立す

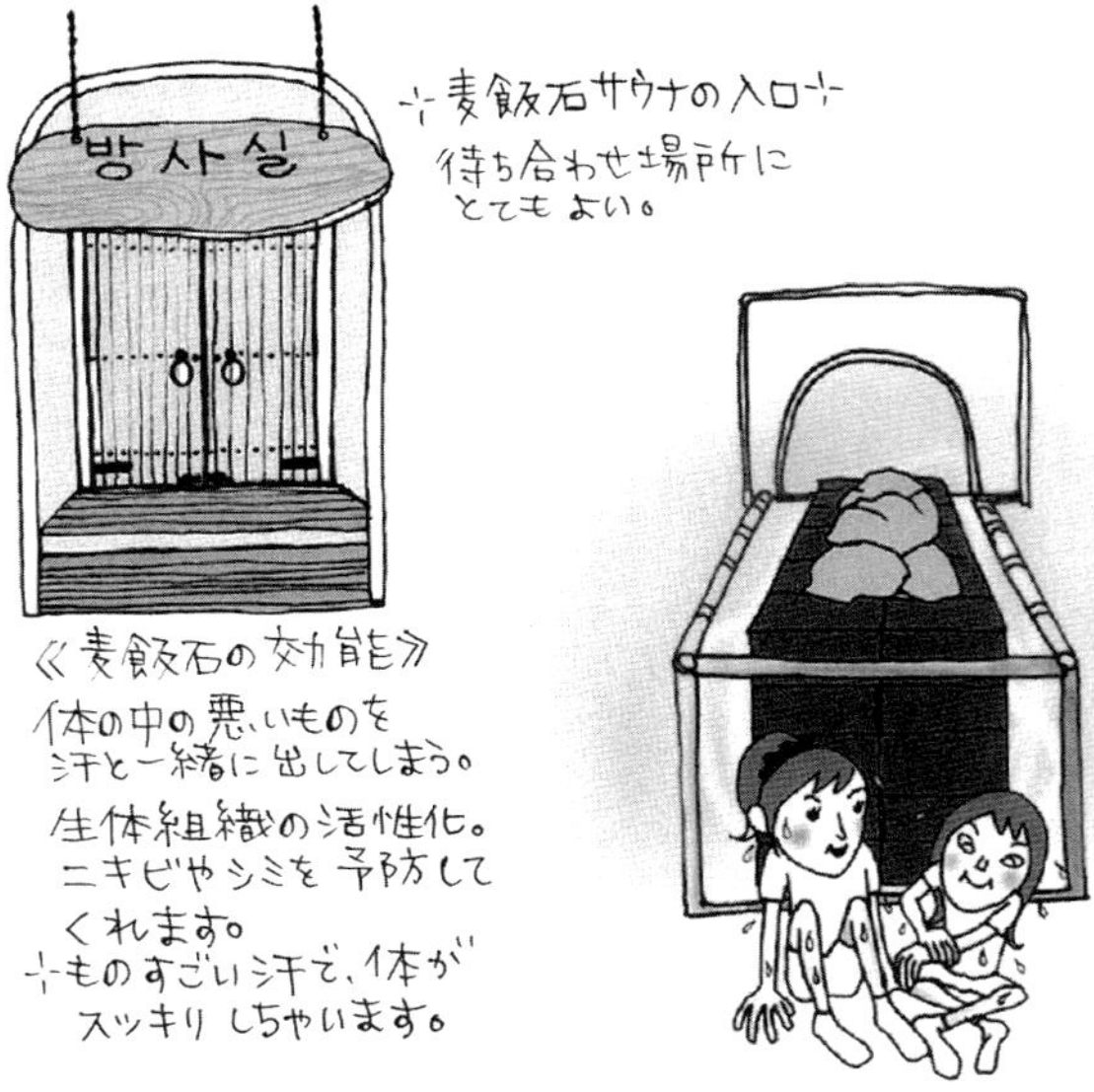
방사실
✧麦飯石サウナの入口✧
待ち合わせ場所にとてもよい。
《麦飯石の効能》
体の中の悪いものを汗と一緒に出してしまう。
生体組織の活性化。
ニキビやシミを予防してくれます。
✧ものすごい汗で、体がスッキリしちゃいます。

る大都会なんだけど、山に囲まれてるから景色がやさしいんだよ。

いちばん大きな室内休憩所には大きなテレビがあって、みんなが横になってドラマを見てる。家庭のお茶の間ではよくある光景なんだけど、こんな体育館のようなところで、大人数がゴローンってなってる姿がなんだか可笑しい。みんなテレビに夢中で後ろ姿がスキだらけ。こっそり後ろにまわってイタズラしたくなる感じ（笑）。

ここは、一時間に一回の割合で、貨車に載った麦飯石を熱し直す。貨車がシャッターの中へ姿を消したあと、ゆっくりと人は去り、再び登場する時間が近づくとザワザワと人が集まってくる。みんな貨車が現れるのをウキウキと心待ちにしてる感じ。お正月に初日の出の御来光《ごらいこう》を待ってるみたい。

熱せられた麦飯石の熱波はすごい。みんな平気な顔してるのは慣れてるせいかな？　麦飯石ビギナーの私とチョンさんは窓際のガラスの側でゴロン。なんだか、こういうのっていいよね。いい大人がこ〜んな広い床の上で、ゴロゴロ人目を気にしないでいられるのって。ほんと愉快。ケイちゃんもチ

休けい所の広いこと。
TVを夢中になってみていてみんな油断してる!!

タタミっぽい床でリラックス

ヨンさんもゴロリン。子どもみたいにふざけたりして。韓国の若い女性はおしとやかなので、いきなり大の字になったりしない。だから、日本代表ケイちゃんがわざとやってみたりして(笑)。こういうことしてると、たいていジロッと視線を送ってくるおじさんがいる。でも、もう慣れちゃったもんね。うろうろしてたら、スポーツマッサージの部屋を発見。トレーナーが男女合わせて4~5人はいた。石膏《せっこう》パックができるエステルームもあるんだって。二四時間営業だから、今度は一日中いたいね。

keiちゃん ダイジョウブ?
うわあっ あち〜っ
ナツカシ〜
紙のコップ
HOT(湯)
온수 オンス
COOL(水)
냉수 ネンス

※のどが乾いたのでお水を飲もうと思ったら、なんとお湯が出てきた。keiちゃんあやうし! ヤケドするところでした。ハングル表記を覚えておきましょう。

「ハリム麦飯石」鍾路区附岩洞190-3　Tel 3216-8839
☞「하림내몽고맥반석」 종로구 부암동190-3

チョン・ウンスクのアドバイス②

ONE POINT ADVICE

『海母水』や『内蒙古麦飯石』で、私とケイちゃんが体験したチムチルバンは、加熱した麦飯石や玉から放出される遠赤外線を浴びるサウナです。

遠赤外線は身体の深いところまで浸透して、細胞を活性化させ、新陳代謝や血液循環を活発化します。老廃物を排出しやすくしたり、自然治《ち》癒力《ゆりよく》を増加させたりといいことづくめです。

体質によっては息苦しくなりやすいフィンランド式サウナと比べ、気持ちよく汗をかくことができますが、やたらと汗をかけば身体にいいというわけではありません。15分程度熱波を浴びると、250〜300ccもの発汗があるので、せいぜい3回を限度と考えたほうがいいでしょう。1000cc以上の発汗は、どんなに健康な人でも体内のエネルギーを失ってしまいます。15分のサウナ浴、30分の休憩と水分補給をワンセットとして、これを2〜3回繰り返すくらいがちょうどいいでしょう。

シャワーはサウナ浴を済ませてから、1時間過ぎた頃に使ったほうが、遠赤外線の効果を長く持続させられます。Tシャツ、短パンを脱いでも、汗による不快感がなかったら、シャワーを浴びずに帰ったほうがいいくらいです。

3
極楽クアハウス・バラエティ

ミリオーレ、斗山タワーのビルでお買物。
「疲れたあ〜〜。チョンさん サウナでひと休みしようよ〜〜。」斗山タワーの 真裏にある、
"ブレアタウンの 12F"。
チョンさん & Keiちゃん お気に入り。
"ブレアサウナ"は 体の疲れをとる
超穴場なのだ!!

東大門のショッピングエリアに
サウナ発見！

ブレヤタウン十二階。大衆的なサウナだけど、設備はキレイ。このサウナは、遠赤外線を放射する麦飯石を使っていて、低温室と高温室がある。低温のほうは六十度なので、とっても過しやすい。もうひとつは百二十度の高温。熱いけど、これまたハァハァしちゃう日本のサウナとはひと味違う。ちゃ〜んと平常心でいられる。そ

大きいロッカーもあるし・・・
東大門で買った買物袋もみんな入る
shampoo
RED WING
シャンプーもタオルも何も持っていなくてもダイジョウブ。使いきりのシャンプーも売ってます。

して大ヒットはチムチルバン！　麦飯石の床はツルツルに加工されて、じんわーりあったかいのね。寝ると腰や背中からあたたまって、最高に気持ちイイ。ふと、移動しようかと思ったら〝ブッ〟「あれっ?」また〝ブッ〟。「オナラじゃないのよ」って感じ（笑）。ケラケラ笑っていたら、先に寝ていた女の人も〝ブッ！〟。チョンさんも〝ブッ！〟。ウフフ。どうやら私たちの背中のお肉が問題らしい。石の上に仰向けになって寝ると、身体と石の間が真空になる。移動すると空気が入るので音が鳴る。チ

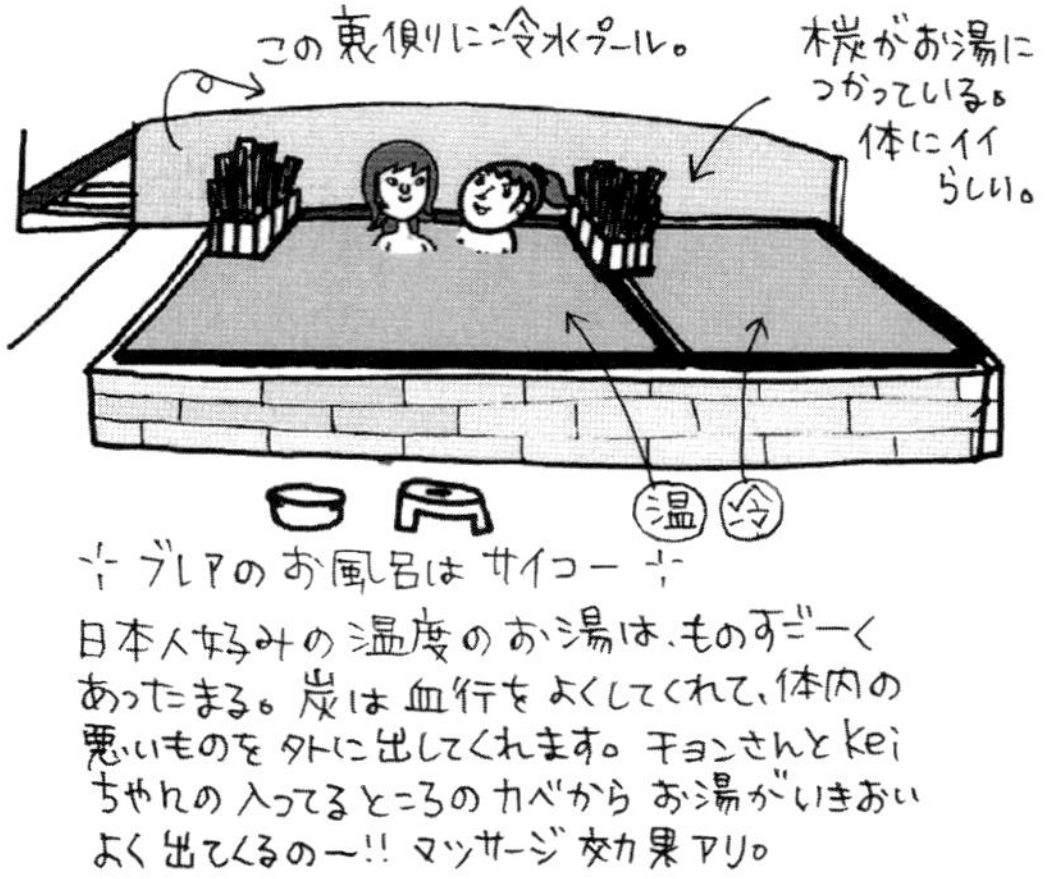
この裏側りに冷水プール。
炭がお湯につかっている。体にイイらしい。
温
冷
ブレアのお風呂はサイコー
日本人好みの温度のお湯は、ものすごーくあったまる。炭は血行をよくしてくれて、体内の悪いものを外に出してくれます。チョンさんとkeiちゃんの入ってるところのカベからお湯がいきおいよく出てくるのー!! マッサージ効果アリ。

ヨンさんと大笑い。普通に寝ていても汗が出るけど、このブッ！で、かなり笑って汗だくに。

シャワーを浴びて、冷水のお風呂へ。おばぁちゃんが、水風呂の入口の階段のところにチョコンと座ってる。桶《おけ》に冷水を汲んで、サウナで火照った身体にかけて冷やしてる。ケイちゃんは、その横で平泳ぎ。チョンさんはおばぁちゃんの側に座ってお話ししてる。ケイちゃんがターンを決め、チョンさんの元へ行くと、おばぁちゃんが使ってる桶をチョンさんが持ってる。「?·」って思ったら、お水を

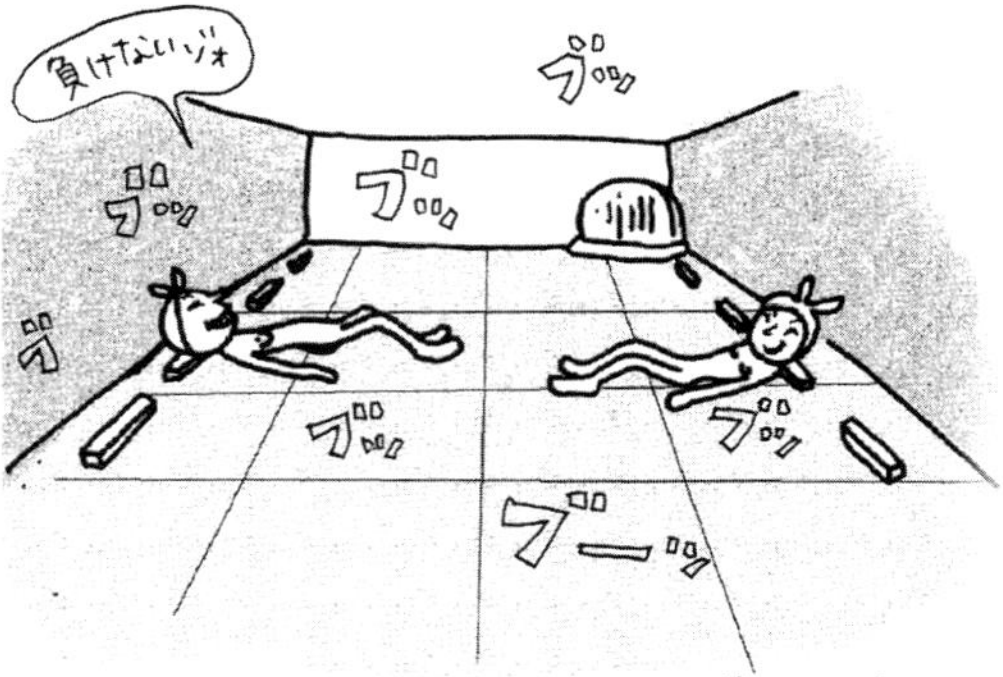

✧チムチルバンの床が石ならぜひこんな楽しみ方をして欲しい。背中のお肉のある人は どうぞやってみて。背中から汗が出て床に密着。離れる時ブーッと大きい音が。チョンさんと2人ブーブー合戦しました✧

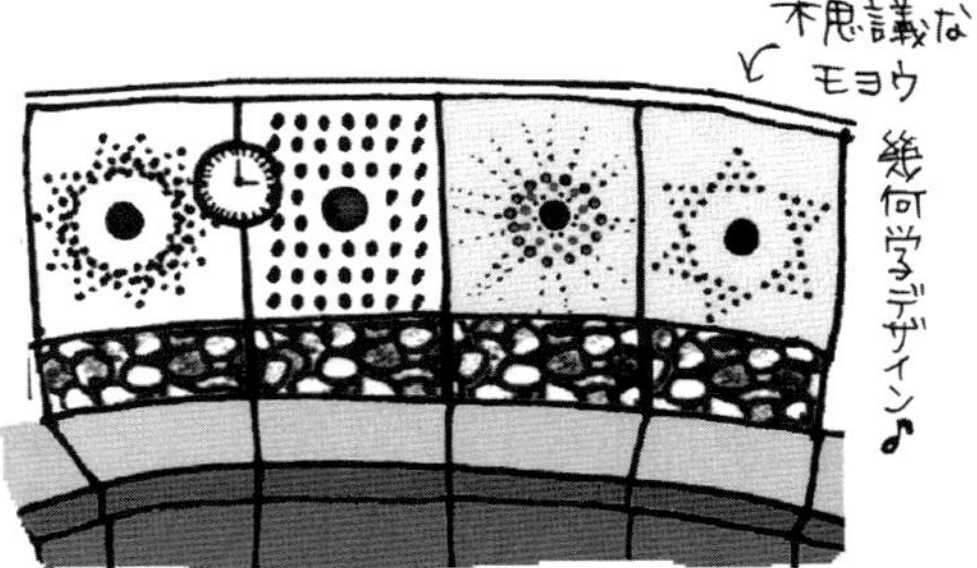

✧赤外線を放つ麦飯石サウナ。あ。息が苦しくない。高温なのに、長い間いられる。

汲んでおばぁちゃんに差し出してる。「どうぞ！」って言うんじゃなく、世間話をしながら、さり気なくそうしてる。韓国の人っていいなぁ。おばぁちゃんも自分の前に冷水の桶がくると、ジャーって自分にかけてる。かれこれ十分はそうしてたかな？　ケイちゃんの存在に気づいて日本語で話してくれるチョンさん。そしたら、おばぁちゃんも日本語で「こんにちは！」とか、「ありがとう！」って言ってくれた。韓国の人って本当にさりげなく優しい。なんだか、身体も心もあたたまりました。

※チョンさんが、冷水プールの入り口で おばさんと 話してる。知り合いかと思ったけど、違った。誰とでも 仲良く 話せる。韓国の人はきさくで 気持ちイイ。おばさんに水をくんであげる チョンさんの 手は ずーっと 動いていたよ。チョンさんの 優しさは さりげない。3人で 日本語で 話したよ。

おばさんに水を
くんであげる
チョンさん。
浅いけれど
本当に泳いでる →

「ブレヤサウナ」中区乙支路６街17-2　ブレヤタウン12F　Tel 2268-5858
☞「프레야사우나」 중구 을지로6가 17-2 프레야타운 12F

BUSで
郊外の
♨温泉へ
✧景色がいいよー✧

一東龍岩硫黄温泉

山々に囲まれておいしい空気
ボーリング場にみえるなあ。
デカーーッ!!

近所の人もソウルの人も こぞってやってくる!!

✧BUSに酔った図✧
あんまりにも運転が
あらかったので Keiちゃん
やられたーっ 気持ち
悪い& チヨンさんも
怖かったって。
道で BUSが 倒れな
くてよかったヨー。

✧1杯 ₩1000
このあざやかなPINK
怪しい色だが天然の色。
《百年草》
セキや
疲労回復に
効く!!
コンコン
コン
コンコン
✧日本人のKeiちゃんは
言葉が通じなくてジェス
チャーしてくれた!!
いつのまにか車酔いの
ことも忘れて・・・
ヤクルト×2
+
MILK
+
氷
で
ミキサーに
かけます。
山イモ
MILK
✧チョンさんは
ニンジン山イモ
ジュース✧
✧百年草✧
見た目はいちぢく
に似ている。
うわあ〜コレおいしい

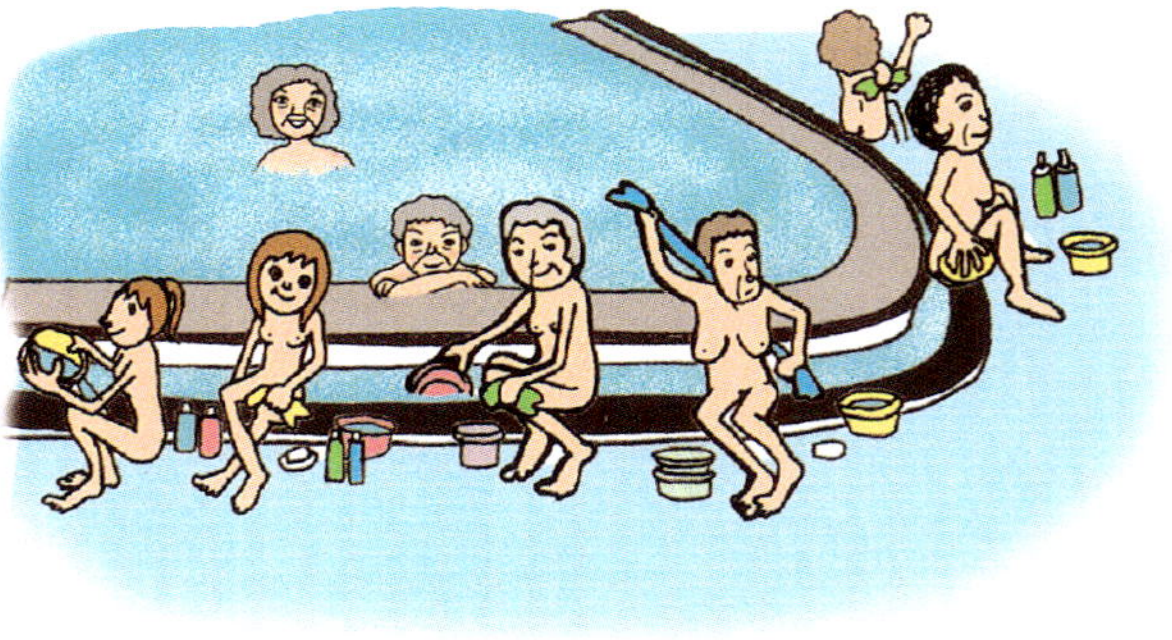

お風呂から あふれた水を ためておく溝がある

おもしろい光景。これな お風呂 見たことないゾ。
みんな 思い思いに アカスリをしている。硫黄の湯
だから シャワーより 人気があるのカナ。
お湯は サラサラ〜〜。肌も スベスベになるヨ。

トンドン酒で有名な一束《イルトン》の町へ向かうバスの中。景色に見とれていたのも束の間。バスに揺られ過ぎて気持ち悪くなったぁ。韓国の運転手さんって運転が上手だけど、飛ばしすぎっ！　クラクションもブーブー鳴らすこの運転手さん、家で嫌なことでもあったのかしら…。早くもグロッキー。

ヘロヘロになって一束に到着。専用のマイクロバスに乗り換えて龍岩《ヨンアム》硫《ユ》黄温泉《ハンオンチョン》へ。大きい〜っ！　日本のでっかいパチンコ屋さんみたい。まずは館内のお店を物色。なんだこの紫色の実は？　イチジ

BEDのジャグジー
刺激が強くて肩こりに効きます。
サイドからもお湯がドーーッと出てきます。
となりのおばちゃんが1人でやってみなさい!!と席をゆずってくれました

打たせ湯
この威力は…. ものすごい強さの打たせ湯。血行がよくなる。手の平に穴があくかと思った。

クか？　ジーっと見てると、お店のおばさんがジェスチャーで説明してくれた。どうやらジュースにするらしい。おばちゃん、コンコン咳をしながらセキに効くというジェスチャー。わかるぅ？　ってやってくれるので、ケイちゃんもゼスチャーで了解サイン。変な客と変な店員（笑）。チョンさん通訳によれば、このイチジクみたいな実は済州島産の百年草《ひゃくねんそう》。氷と一緒にミキサーにかけて、ヤクルトとミルクを加えると、鮮やかピンクに。自然な酸味と甘味が絶妙。
いざ、入浴。広いフロアにもの

屋外にある汗蒸幕
外観が銀色のドーム。外にスノコ。何だろう？と思ったケド汗蒸幕で汗をかいたあとスノコで休む。それにしてもおばさんたち、魚の干物のようだわ。やすらかに寝てる。

感動のご対面!?
外に出る　出入口で2人のおばあさんが抱き合ってJUMP!! 不思議すぎる光景だっ。でも　ほんとうに心から　うれしそうだった。

すごいシャワーの数！　でも、シャワーは空いている。なぜかというと、み〜んなオフロのフチに座って、お風呂のお湯で身体を流してるの。私たちも、ここで身体を流しました。あ、なんだかお湯がちがう〜。サラサラしてるの。硫黄温泉だからかな。ゴシゴシ身体を洗っていると、隣で三歳ぐらいの子供がママにアカスリされてる。「痛いよぅ〜」って言いながら。すご〜い。だから韓国人の肌ってスベスベツヤツヤなのかな？
　チョンさんは打たせ湯がお気に入り。かなり痛いけど、もも、ふ

ブルルルルル〜

くらはぎ、手の平を打たれると、ものすごく血行がよくなる。この段階で、またもやチョンさん血色が良くなってホッペがピンク色。ベッドジャクジーは細かい水流が微妙なツボを刺激してくれる。

　屋外に出ると、おばあちゃんが、裸のまま抱き合って喜んでる。ビックリしたけど、なんだか笑える。裸のおばあちゃんがジャンプしてる姿なんてそうそう見れるもんじゃない（笑）。「久しぶりじゃないのぉ！　会いたかったよぉ」多分こう言ってたのだと勝手に想像。ここでは、すっぽんぽんで、

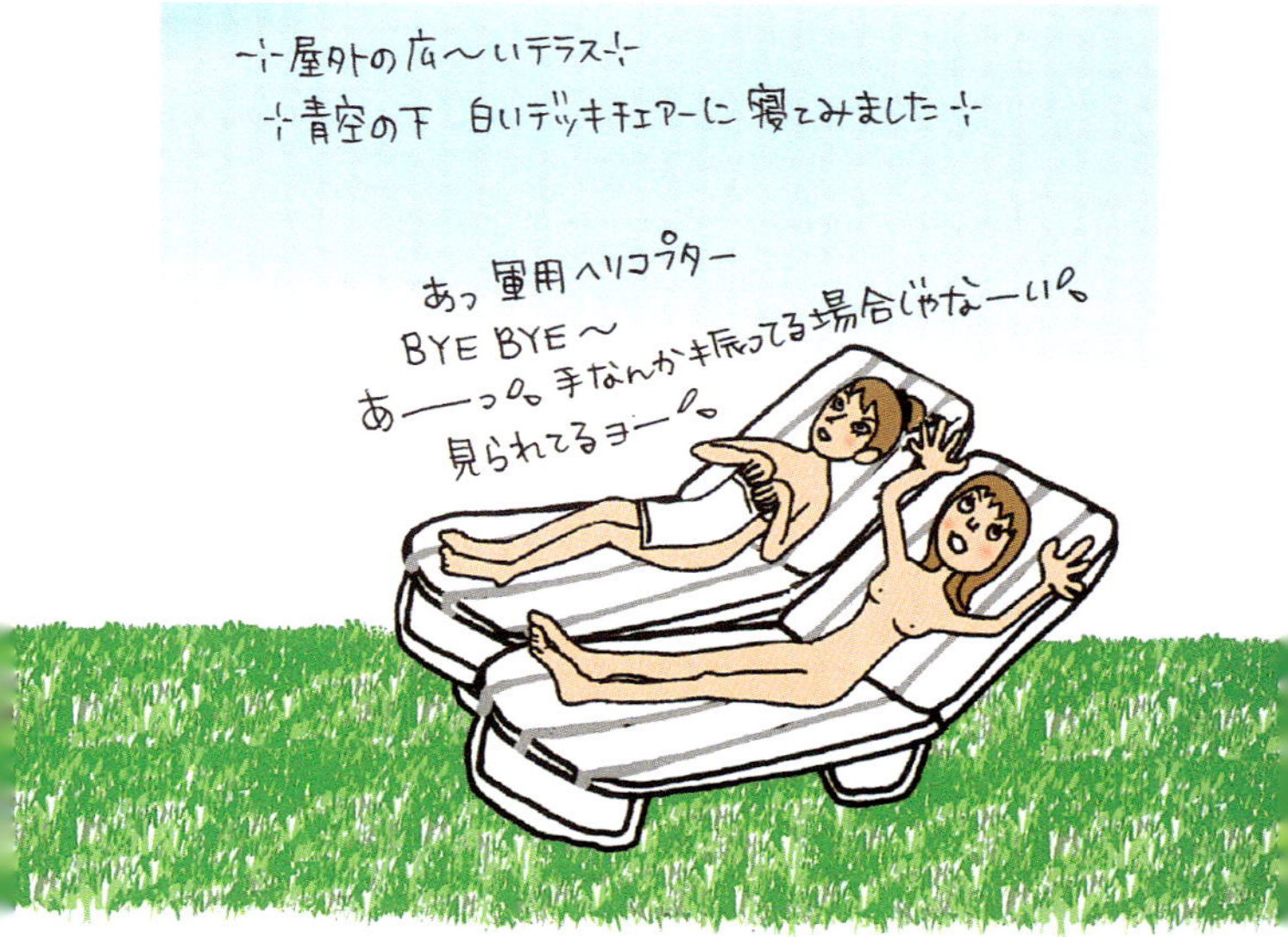
屋外の広〜いテラス
青空の下　白いデッキチェアーに寝てみました
あっ 軍用ヘリコプター
BYE BYE〜
あーーっ。手なんか振ってる場合じゃなーい。
見られてるヨー。

みんなゴロゴロしちゃってる。右手に、屋根付きの露天風呂。真ん中がジャグジー。その横に白いデッキチェアーが置いてある。思わずゴロリ。涼しい風に吹かれて極楽じゃ。ふと、空を見たら軍用ヘリコプターが。バイバーイ！　手を振っていて気がついた。「あっ、あたしたち裸じゃん！」思わずタオルを身体の上に。訴えるぞー！（笑）このヘリ、毎日ここを通って喜んでるに違いない。私たちは一期一会《いちごいちえ》、まぁ、いっか。

　ここもサウナが充実。玉、泥、麦飯石。どれも過しやすい温度。

屋外のひのきのお風呂
中央がジャグジーになっていて日本人好みの
アツイお風呂。う〜〜ん 解放感〜〜
極楽
極楽

ドロサウナ
低温でとても入りやすい
こちらは ドロサウナの高温
麦飯石のサウナ
石の上に直に座れる
お尻がきんもちイイ
洞くつ湯
なんだか野生のサルになった気分。
漢方のお風呂
玉のお風呂
ジャスミンの湯

それから、一角が三種のジャングル風呂になってる。これを二人で全制覇。一日中いたいね。

建物を出ると、ドンドコドンドコ、チョキチョキチョキ…、太鼓と金属音がする。なんだろう？　と思ったら、飴《あめ》の実演販売。顔に絵かいちゃって、吉本新喜劇みたいなお兄さんが、飴をハサミでチョキチョキ切って売ってる。お風呂あがりのトンドン酒でほろ酔いのケイちゃん、思わず「太鼓《たいこ》叩かせて！」とおねだり。そしたら「飴を買ってくれたらイイよ」だって。ムム商売上手め（笑）。

✢アメ売りのおじちゃん✢
ハサミでリズム♪をとってる。
芸人みたいでオモシロイ。

✢アメを買ったら・・・✢
アメ売りのおじちゃんの横に
タイコがあって たたかせて
もらいました。あたり一面
にひびき渡る 大きな
タイコの音。オモシロかった。
出来たてホヤホヤの まだ
あたたかくて やわらかい
アメは カルメ焼きの
ナツカシイ味がしたよ。

「一東龍岩硫黄温泉」京畿道浦川郡一東水入里69　Tel 031-536-4600
☞「일동용암유황천」경기도 포천군 일동면 수입리69

SEOUL
전문 식당가

☆なんと、このビルの中に温泉がっ!!

ソウル温泉

ソウルで温泉に入れる！と聞いてチョンさんと中心街から地下鉄に乗り込んだ。温泉は、7号線の「ハゲ（下渓）」という駅が最寄りらしい。電車が駅に入ったら、車内アナウンスが「ハゲ」「ハゲ」を連呼。爆笑。

TVのモニターに写って遊ぶ
↑フロント

☆打たせ湯☆
あーっ!! あの、おばあちゃん、遊んでるぅ〜〜。

☆ソウルで温泉がわいたという話は聞いたことなかったわ。

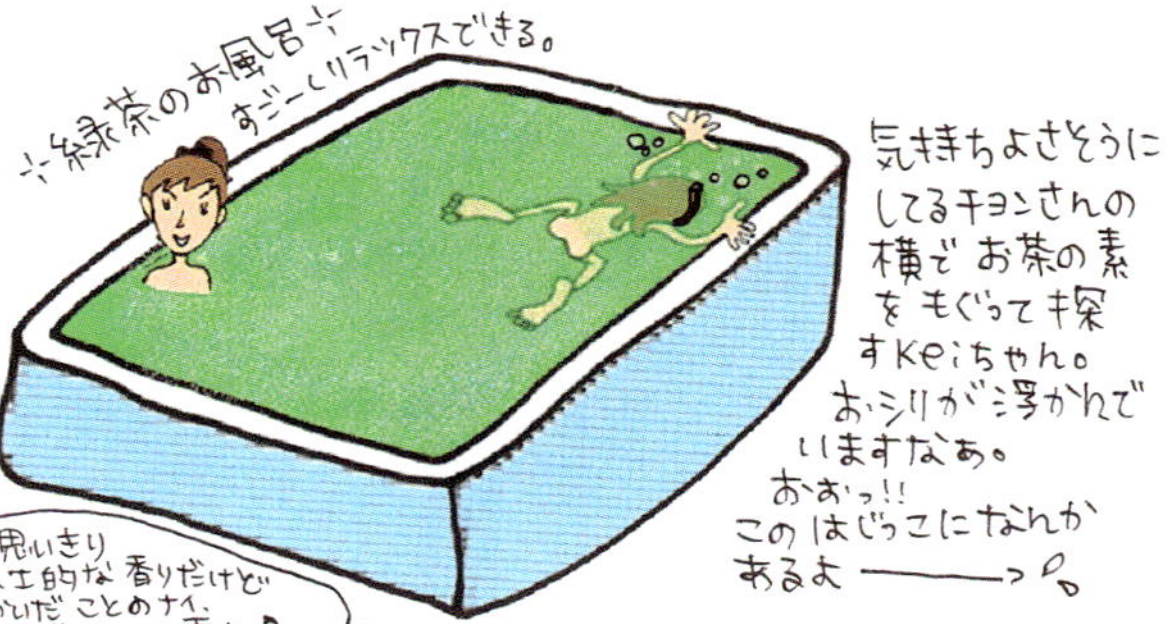
✧緑茶のお風呂✧
すごーくリラックスできる。
気持ちよさそうにしてるチヨンさんの横でお茶の素をもぐって探すkeiちゃん。
おシリが浮かんでいますなあ。
おおっ!!
このはじっこになんかあるよ ——→

思いきり人工的な香りだけどかいだことのナイ、すごーくいい香り♪
✧ジャスミンのおフロ✧
今までかいだことナーイ

駅から徒歩三分。大きなビルの地下にソウル温泉はあった。一階の受付でチケット購入。ソウル温泉は、慢性疲労、動脈硬化症、成人病、肌にもよいゲルマニウム温泉なんだって。巨大クアハウスって感じね。

はじの方に巨大Tバックを発見!!
見つけたっ!
ほんとうに緑茶なの。

✧ドロ風呂✧
乳白色の低温風呂
真中はやわらかい泡のジャグジー
おばあちゃんが一人でチヨコン♪

✧遠赤外線サウナ✧

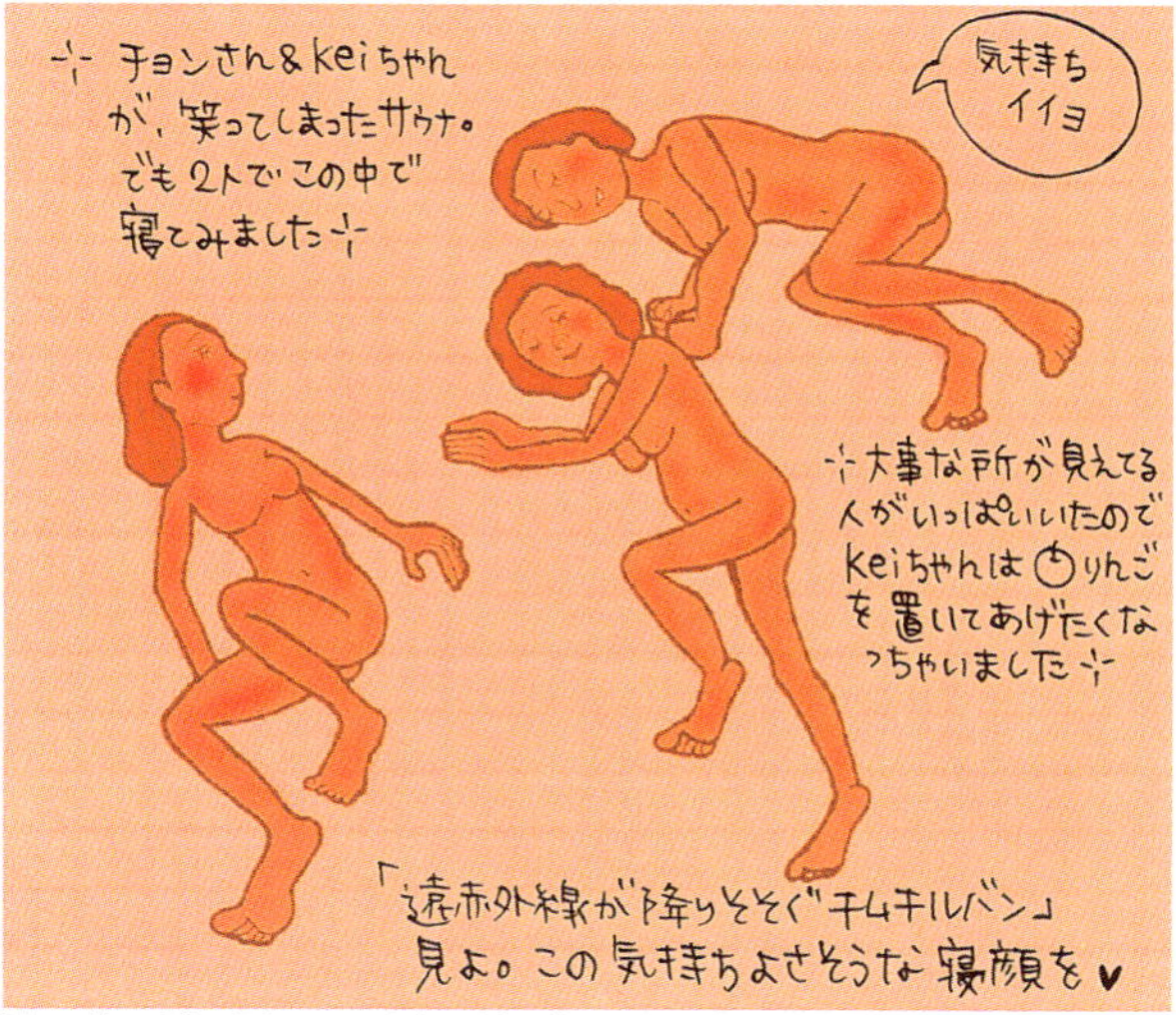
✧チョンさん&keiちゃん
が、笑ってしまったサウナ。
でも2人でこの中で
寝てみました✧
気持ち
イイヨ
✧大事な所が見えてる
人がいっぱいいたので
keiちゃんはりんご
を置いてあげたくな
っちゃいました✧
「遠赤外線が降りそそぐチムチルバン」
見よ。この気持ちよさそうな寝顔を♥

打たせ湯、ベッドジャグジー、ジャスミン風呂、泥風呂、緑茶風呂。どれもスケールが大きい。しかも、お湯がものすごくきれい。

水風呂でおかしな動きのおばあちゃん発見！　ザブーンと沈んだり、泳いだり。日本だったら、お年寄りは温度変化を避けるんだけど、韓国では、みんなが熱湯→水風呂を繰り返す。心臓が強いのね。

緑茶のお風呂はバスクリン色。思わず飲んじゃうぞっと思ったほどきれい。香りもいい。水中を探索すると、巨大ティーバッグ発見。大きいネットに緑茶の巨大テ

チョンさんのイメージ
韓国ではお肉屋さんが赤いライトでお肉を照らして、「おいしそう〜」に見せるの。
まるでお肉みたい
ちょっとだけよ〜ん
ドリフターズの加藤茶さんのギャグ「ちょっとだけよ〜ん」を想い出しちゃった。
赤いライトの下でみんなSEXYポーズでした。笑ったよ!!
Keiちゃんのイメージ
加藤ちゃんプッ!!

イーバッグが入っていました。

笑ったのは、なんといっても赤外線のサウナ。みんな横たわっている。グーグー寝てる人もいる。チョンさん曰く、「お肉屋さんみたい！」韓国のお肉屋さんは、肉を美味しく見せるために赤く照らしてるんだって。ケイちゃんは、ちょっとだけよーん！の加藤ちゃんっぺを思い出した。真っ赤なライトを浴びた女体はまるで置物。赤いセロファンをかけたみたい。セクシーというか、かなりお間抜け。笑いをこらえながら、チョン&ケイも横になりました。

「ソウル温泉」蘆原区下渓洞251-7　Tel 949-5000
☞「서울온천」노원구 하계동 251-7

今日は 大衆的な沐浴湯
(銭湯)で アカスリをしてもらう
ことに。
言葉が通じなくても平気
かなぁ…!
とりあえず シャワーを アビル。
うわーっ 水くっ!
1つだけ こわれていました。
まずは 入口で チケット
を買いましょう
朝 起きたまんまの
ボサボサ 頭で。
オフロセットを持って。

沐浴湯
ボサボサ頭で銭湯に行こう

起き抜けに、ホテルの真裏にある沐浴湯《モギョクタン》（銭湯）へ一人で入ってみました。中では、地元のおばちゃんがアカスリの真っ最中。シャワーを浴びて、ケイちゃんもアカスリの順番待ち。お風呂にゆっくりつかって、サウナで汗かいて、水風呂入って、ボケッと待ってる。

サウナに入りすぎて息切れしているところに順番が回ってきた。

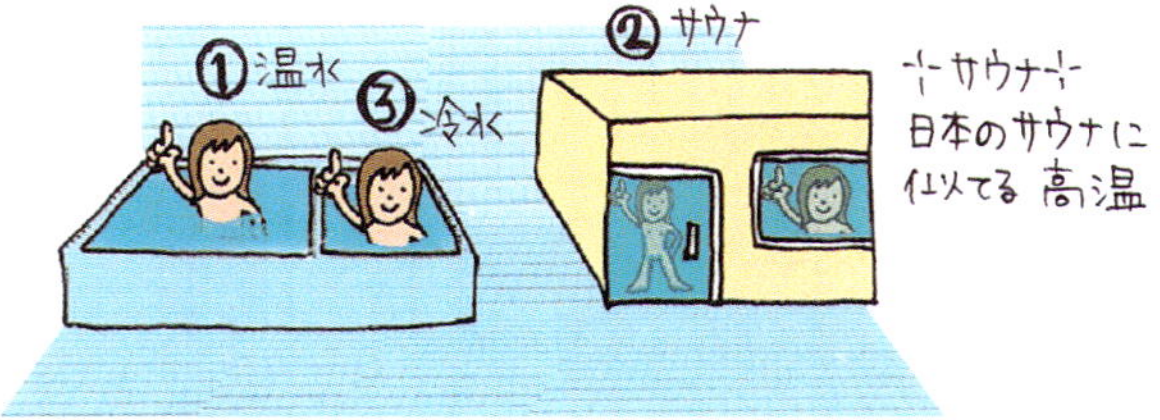
①温水
③冷水
②サウナ
サウナ
日本のサウナに似てる高温

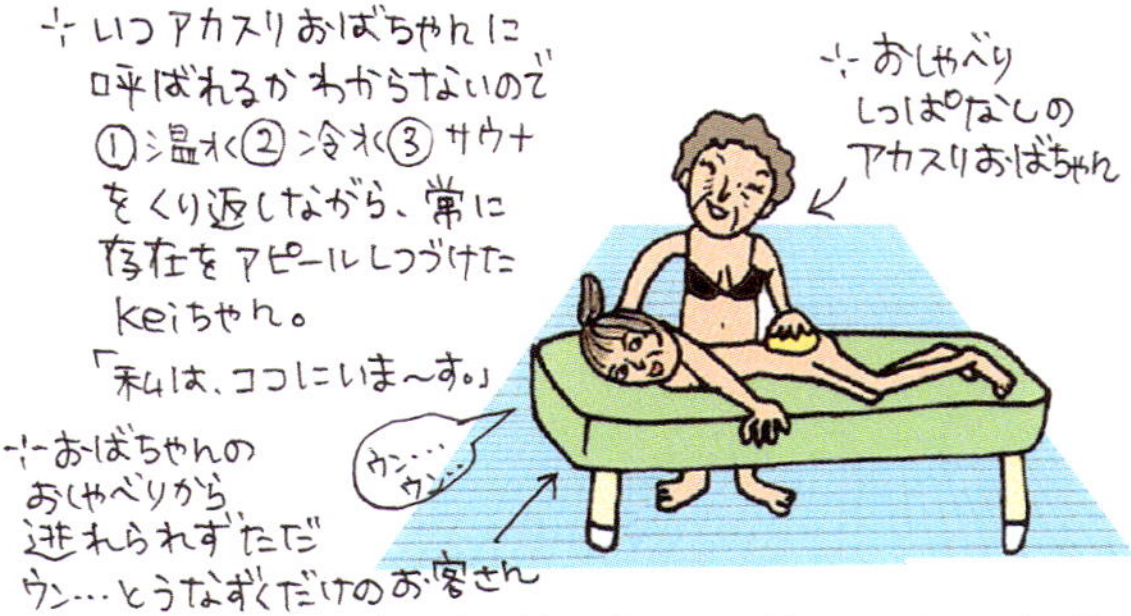
いつアカスリおばちゃんに呼ばれるかわからないので①温水②冷水③サウナをくり返しながら、常に存在をアピールしつづけたkeiちゃん。

「私は、ココにいま〜す。」

おしゃべりしっぱなしのアカスリおばちゃん
ウン…ウン…

おばちゃんのおしゃべりから逃れられずただウン…とうなずくだけのお客さん

韓国語わからないんですぅ…って言ったら、ＯＫ！って言ってくれたけど、二〜三分もしないうちに韓国語で話しかけてくる（笑）。どこのホテル？って聞かれたみたい。「アストリアホテル！」って満面の笑みで答えてみた。その後、何度もアストリアホテール？♪イエース、アストリアホテール♪を繰り返す二人。共通の言葉はアストリアホテルのみ（笑）。

ここのアカスリは全然痛くなくて気持ちいい。肩をケガしてることをジェスチャーしたら、ちゃんと伝わったみたい。適度な強さで

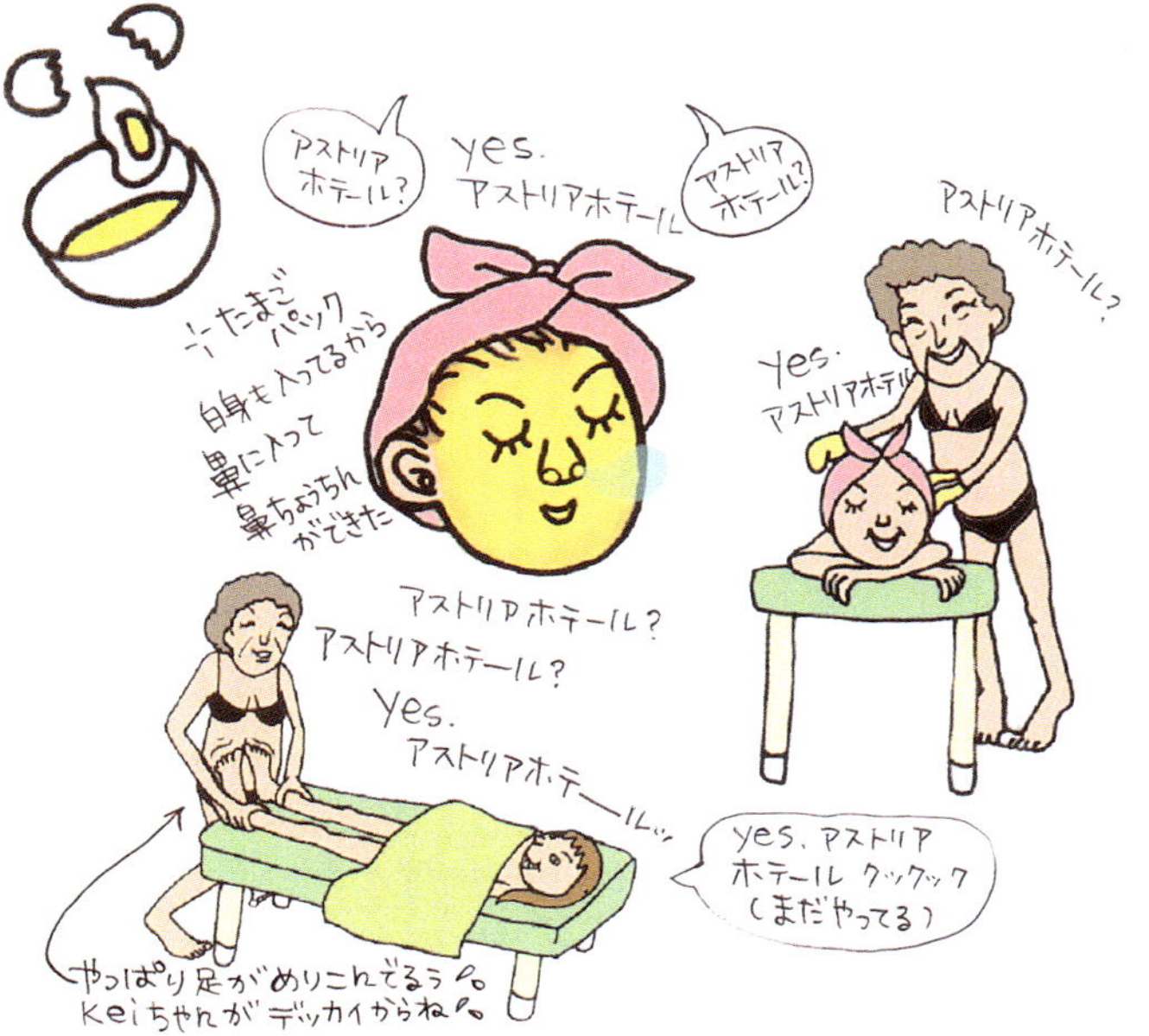

ゴシゴシゴシ。そしてマッサージ。顔も身体もオイルとミルクでやってくれる。顔にタマゴパック。ヌルリンとして、鼻の穴にも入ってるんですけど（笑）。髪の毛にもしてくれる。最後はキュウリパック。ひんやりして気持ちイイ。その後、顔のキュウリをとって、お腹にピターンッと乗っけてマッサージ。オイル&ミルクも混ぜて。すっかり身体の細胞が目覚めたところでフィニッシュ。

脱衣所にテレビがあったので、スイッチオン。すると、おばちゃんが寄ってきて、前日に手の甲に

やってもらったボディアートを見て、本物？　って聞くの。「イミテーション！」って答えたけど通じない。なんて説明すればいいの？　ってオロオロしてたら、テレビにそのボディアートのお店が映ってる！　なんという偶然。これで、おばちゃん納得。チョンさんとの待ち合わせ時間まで、のんびりテレビ見てました。おばちゃんはケイちゃんが持ってた韓国旅行会話の本（チョンさん著）に夢中。ふむふむ、としきりに感心してた。素朴で、ちょっと贅沢《ぜいたく》な、ソウルの朝風呂体験でした。

チョン・ウンスクのアドバイス③

ONE POINT ADVICE

『プレヤサウナ』は、大衆サウナとはいえ、施設が新しく清潔で、お風呂のバリエーションも多彩なので、日本の若い女性にもおすすめです。東大門エリアでのショッピングに疲れたときの休息所としてもうってつけ。仮眠室も広いので、バックパッカーなら、ここに宿泊してもいいでしょう。バスで出かけた『一東《イルトン》龍岩硫黄温泉』は、10mの高さの打たせ湯が強烈でした。最初は少し痛いのですが、慣れてくると、つまっていた血液が溶けるような感じです。ここは露天風呂も快適でした。地下鉄で行ける『ソウル温泉』は、施設の広さにびっくり。地下1500mから出たアルカリ性のゲルマニウム温泉で、お湯がやわらかく、肌がすべすべするのがわかります。遠赤外線が降り注ぐチムチルバンでのお昼寝も悪くありません。言葉が通じないのに、『沐浴湯』で地元の人とのふれあいを楽しむとは、さすがケイちゃん。日本の銭湯もそうですが、沐浴湯の醍醐味《だいごみ》はなんといっても〝裸のつきあい〟ですね。

最後にアドバイスをひとつ。お風呂の後、すぐに食事を摂ると吸収が良すぎるので、サウナ浴のダイエット効果を高めるには、最低1時間はがまんするようにしましょう。

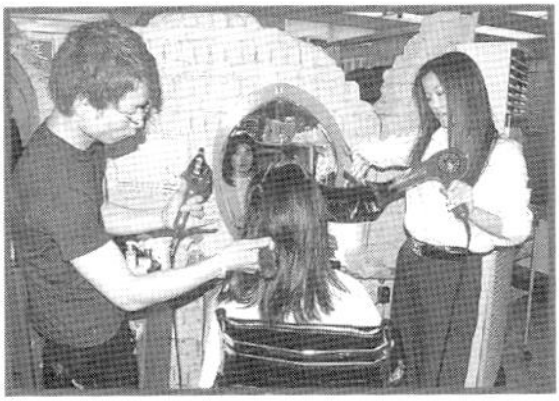

4
極上スキンケア&マッサージ

赤ちゃん肌の南先生に会いに
エスパに行こう！

アメリカで美容学の学位を取得した南先生のお店「エスパ」で、韓国のエステティックサロンを初体験。お店のつくりは日本の高級エステティックサロンに似ているからなんとなく安心。すごく清潔なイメージ。

南先生は、私達と同年代の三十代。この日、南先生は素肌そのまま。スッピン状態。そのみずみず

この時は なんと
スッピン。
ウソー!?
同世代なんて
思えませんっ。
エスパのパンフレットの
メイクをしている南先生
ビューティー
AESPA
赤ちゃんみたいなお肌
"ノーメイク"がだんぜん
Good。本当にきれい。

しい肌は、同世代とは思えないほど。シミやシワもないもの。顔も小さくて、本当に赤ちゃんみたい！　思わず南先生の手を握って、「私の肌もなんとかしてっ！」と言ってしまいそう。

まずは肌のチェックをします。私は乾燥肌、ちょっとシミあり、ビタミンC不足ということで、「リフティング」というケアを。

そして、乾燥してるところと油っぽいところが混在している複合肌のチョンさんは、引き締め効果の「インディバ」というケアを。主に顔の引き締めのためのケアな

敏感肌
オイリー＋ドライの複合
チョンさん
カウンセリング
施行の前には、お肌チェック。ていねいに、悩みをきいてくれマス。
乾そう肌
Keiちゃん
ドライでシミ・ソバカス
相談にものってくれる。
KEI：シミはとれますか

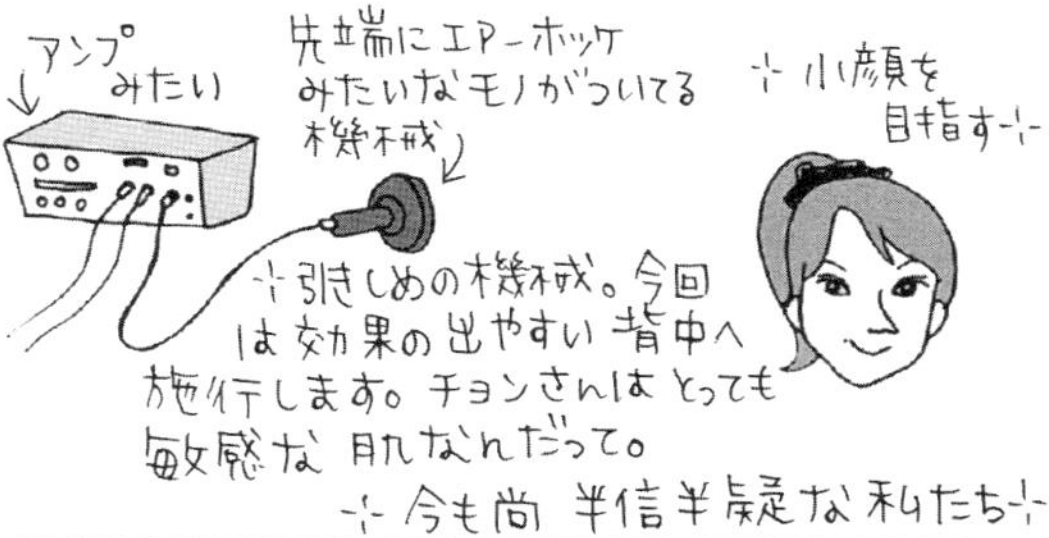
アンプみたい
先端にエアーホッケみたいなモノがついてる機械
小顔を目指す
引きしめの機械。今回は効果の出やすい背中へ施行します。チョンさんはとっても敏感な肌なんだって。
今も尚 半信半疑な私たち

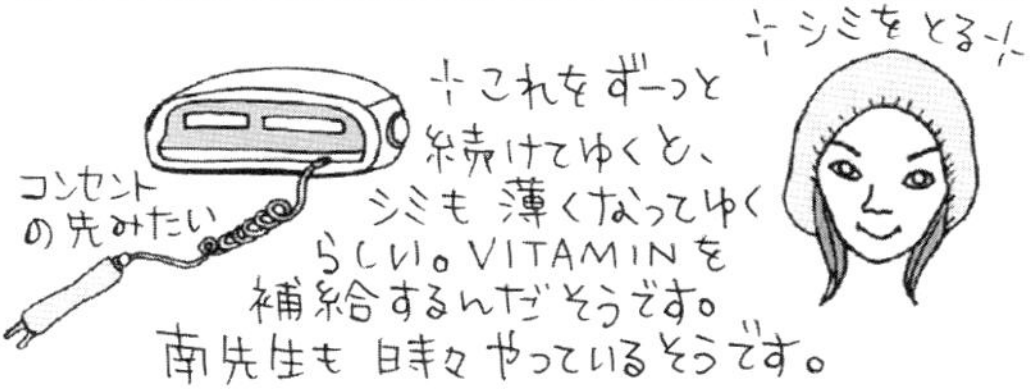
シミをとる
これをずーっと続けてゆくと、シミも薄くなってゆくらしい。VITAMINを補給するんだそうです。
南先生も時々やっているそうです。
コンセントの先みたい

んだけど、一度やってすぐ効果が実感できるものじゃないので、比較的反応が早い背中に。

最初にメイクを落としてくれるのだけれど、これがものすごく気持ちイイの。クレンジングマッサージは優しく優しく。すばらしい指づかい。アロマの優しい香りにつつまれてリラックス。

「もう、どうにでもして！」

と、先生に思わず身をゆだねてしまいます。機械を使うと聞いて、ちょっぴり恐怖心もあったのだけど、南先生のツルツルお肌と笑顔、そして繊細な上にも繊細なマ

Oil
アロマでマッサージ
びっくりする程テクニシャン
顔をマッサージしながらクレンジング。
ZZZ
このマッサージだけでも満足も一気持ちイイ〜
チョンさんは足から→背中にかけて。
やわらかく、ゆっくり。体がいやされてウットリ。本当に気持ちよさそうなチョンさん。

ッサージで恐怖心は消えてゆく。

チョンさんの背中はアロママッサージをした後に、平たい円が先端についた機械でクルクルクル。

「機械だけど冷たい感じがしない」って、チョンさんうっとり。クルクルされる場所によって感じ方がずいぶんちがうらしい。ストレスがたまっているところは違和感があるんだって。肩をクルクルしているとき、チョンさんが気持ちよさそうにしたのを先生は見逃さない。そこを集中的にマッサージしてあげてた。チョンさんも本の執筆でいつもパソコンの前にいる

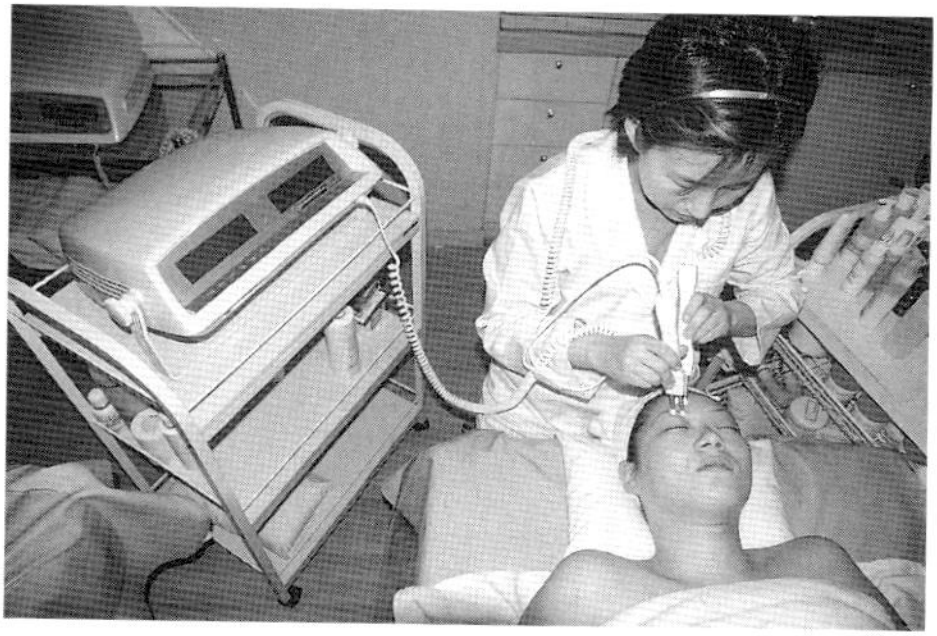

＋顔の肉をはさんでるぅ。うふふ。
＋すごーい。ココチよい。。機械とは思えない。ほんわかあったかい。

から、肩が凝《こ》るんだね。アロマの香りがほわぁんと私のところにまで漂《ただよ》ってくる…。あっ、チョンさん眠っちゃいそう。

私のほうは、南先生が先端にコンセントの先っぽのようなものがついた機械二本を両手に持って、ほっぺのお肉をつまんでる。（＋）と（－）の微弱な電流を流してビタミンを浸透させるのだとか。私の意識は、つまれている部分に集中してるけど、無痛。それどころか気持ちいい。寝ている私のホッペを南先生が二本の棒でつまんでる様子を想像したら、なんだか

※リフティングケアは65,000ウォン

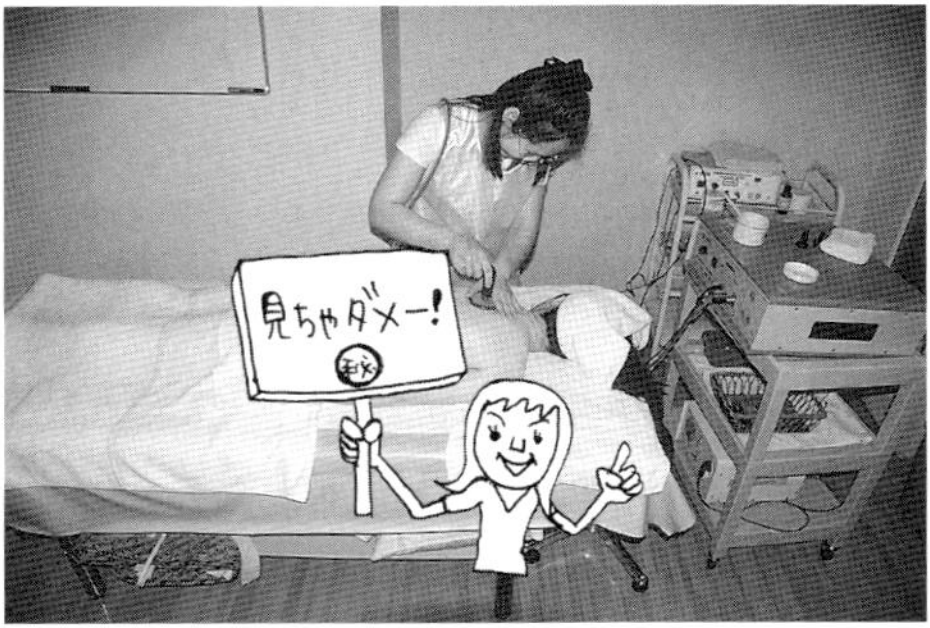

↑お腹の下には鉄板をしきます。人の手みたいなタッチ。吸われるんだって。こっている所が自分でわかってしまう、不思議な機械

可笑しくなっちゃった。パッと目を開けたら南先生の真剣な顔。本当に肌のきれいな人だなぁ、と改めて感心。

すべてが終ってからビックリ。ケイちゃんの肌がプリップリになってるぅ。見た目には、わからないみたいだけれど、顔の表面がぷりんぷりんして、触ると内側からしっとりした感じ。普段、これでもかこれでもかー！ って化粧水をたたきこんだばかりの感じ。細胞のひとつひとつが目を覚ましていく感じ。何これ？ シミも心なしか薄くなったみたい。背中にケ

※背中のケアは70,000ウォン

アされたチョンさんとちがって、一回だけでその効果を実感できた私は、しばし興奮。それでも、普通の半分の量のケアだったらしい。これは、何度も通えば南先生のように赤ちゃん肌になれるのでは？
　南先生曰《いわ》く、一に洗顔、二に洗顔。とくに、通常の洗顔に合わせて、ディープクレンジングが大事なのだとか。シミのある私は、睡眠と水分をたっぷりとるようにってアドバイスされました。
　チョンさんは背中にケアされて全身の血行が良くなったのか、ほっぺがピンク色になってた。二人

血行もよくなってリラックス。

南先生曰く50%の施行しかしてないっていったのにすごくハリが出てる。何これ？肌がよみがえったの？

本書を持参すると、15%の割引きになります。GO!

とも大満足なエステ体験でした。

機械を使うと聞いて、刺激が強いんじゃないかなって印象をもっていたけれど、まったくそんなことはない。それよりも、南先生の素肌に大いに刺激されちゃった！

韓国女性は肌がきめ細やかで美しいと聞いていたけど、南先生はそれを身をもって証明してます。南先生に会えば、誰もがこんな風になりたいと思うはず。ソウルのパッケージツアーに加えてもらいたい。

『南先生の美肌見学コース』って（笑）。

「エスパ」鍾路区蓮建洞195-11賃虎ビル 3F　Tel 743-1854
☞「에스파」 종로구 연건동195-11 임호빌딩3F

技ありの高級エステ体験
小顔になるぞっ！

ＪＵＮコスメティックは、成形外科も併設された本格的なエステサロン。ニキビケアから、ほくろ取り、リンパマッサージ、バスト・ヒップアップ、ピーリングなど、メニューは多彩。パンフに、「顔の縮小管理」と書いてあって、可笑しくて吹き出してしまった。漢字で書くと仰々《ぎょうぎょう》しいけど、管理ってケアのことね。

Jun Cosmetic
ちょっぴり 豪華で すご～く 明るくて キレイな サロンです

まず、ロッカーで浴衣に着替えよう。ここの浴衣はゴムウェストのミニスカートみたい。スカートしかないじゃん…。上は？ って聞きたくなる短さ。肌の出る部分が多くて、思わずピンクレディを踊りたくなった（笑）。

まずは、クレンジングから。とても柔らかい指先タッチで、ゆっくりゆっくりクレンジングしてくれる。気持ちイイ。さらにディープクレンジング。拭きとり式のクレンジングです。私は乾燥肌、チヨンさんは複合肌と、タイプがちがうから、この段階で、すでに私

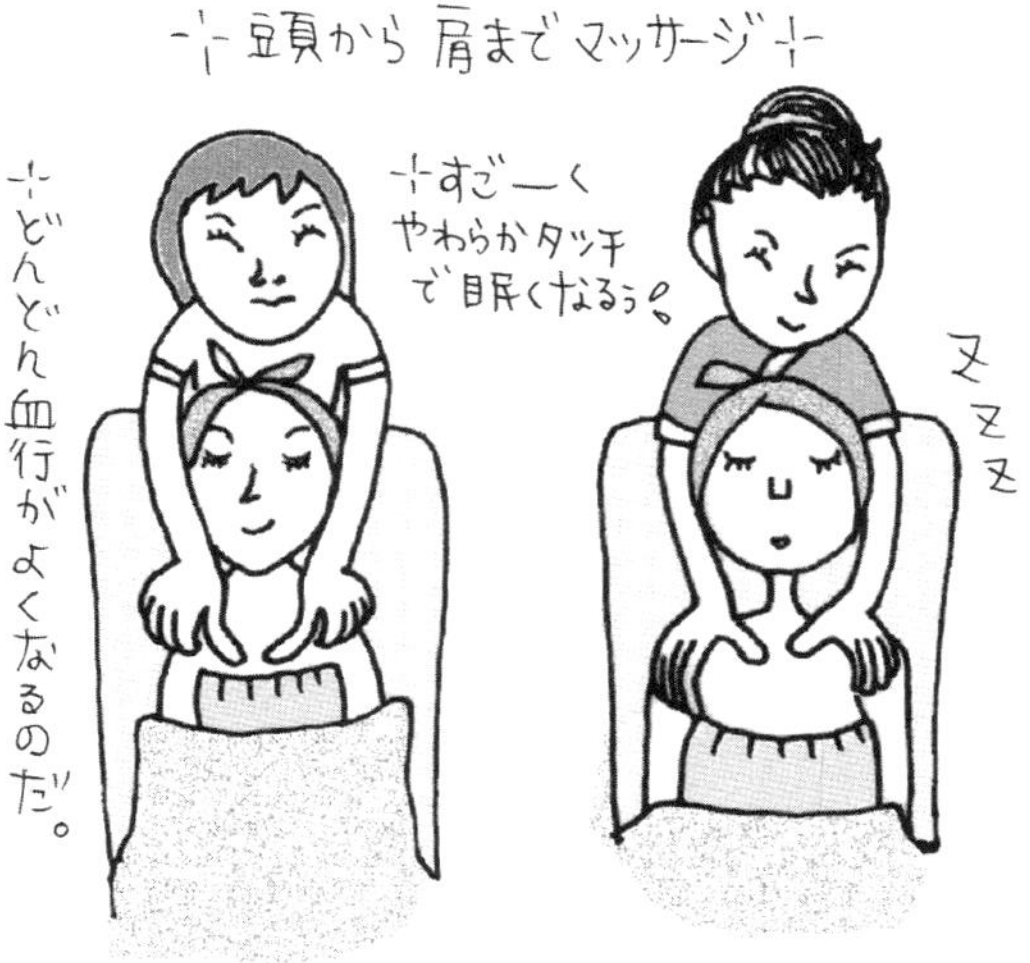
頭から肩までマッサージ
どんどん血行がよくなるのだ。
すご〜く
やわらかタッチ
で眠くなるぅ〜

とチョンさんのクレンジング剤がちがうんだって！ すごいねぇ。古くなった皮脂《ひし》や角質《かくしつ》を取り除いて、次のパックの効果を最大限に高めてくれる。肌に合った化粧品でのクレンジングとは、きめ細かいサービス。美容意識の高い韓国のエステサロンだけあるなぁ。

そして、毛穴を広げるための、パック。うぅ、気持ちいい〜。マッサージも念がいってる。まずは肩、それから頭のてっぺんを押されて、顔のツボもそっと押してくれます。痛みはまったくなし。さらに胸の上までマッサージ。ツボ

姫気分♪
1人1人の肌に合ったものを使ってクレンジング。
"あなただけ"にというサービスがモットー。
cream
cream B
only you

を刺激して、骨のゆがみを調整してくれてる感じ。なるほど、これも「顔の縮小管理」のためなのね(笑)。ゆっくり、じんわり血行がよくなってきます。顔のマッサージはさらに丹念で、アロマオイル、ビタミンのクリーム、コラーゲンのクリームなどを、これも肌質に合ったものを使ってくれます。なんて良い香り〜って思っていたら、目に入った！　キャーーーッ、しみるー！　チョンさんに伝えてもらったら、目玉を水で洗ってくれた。私の小パニックなどどこ吹く風とばかりに、エステテイシャンは冷静そのもの。

フェイスマスクパックは、お肌に充分過ぎるほどの栄養を与えてくれる。チョンさんも私も、ミネラル、ビタミン、タンパク質たっぷりの海藻《かいそう》パックをしてもらう。このまま二十分待つうちに私は意識を失ってしまったみたい。あまりにも気持ちよすぎて。チョンさんが何度呼んでもビクともしなかったらしい。ハッと気がついた私、あまりにも自然に眠りに落ちていたのでビックリして、「寝てません!」と、大声できっぱり。授業中、先生に居眠りを指摘されたと

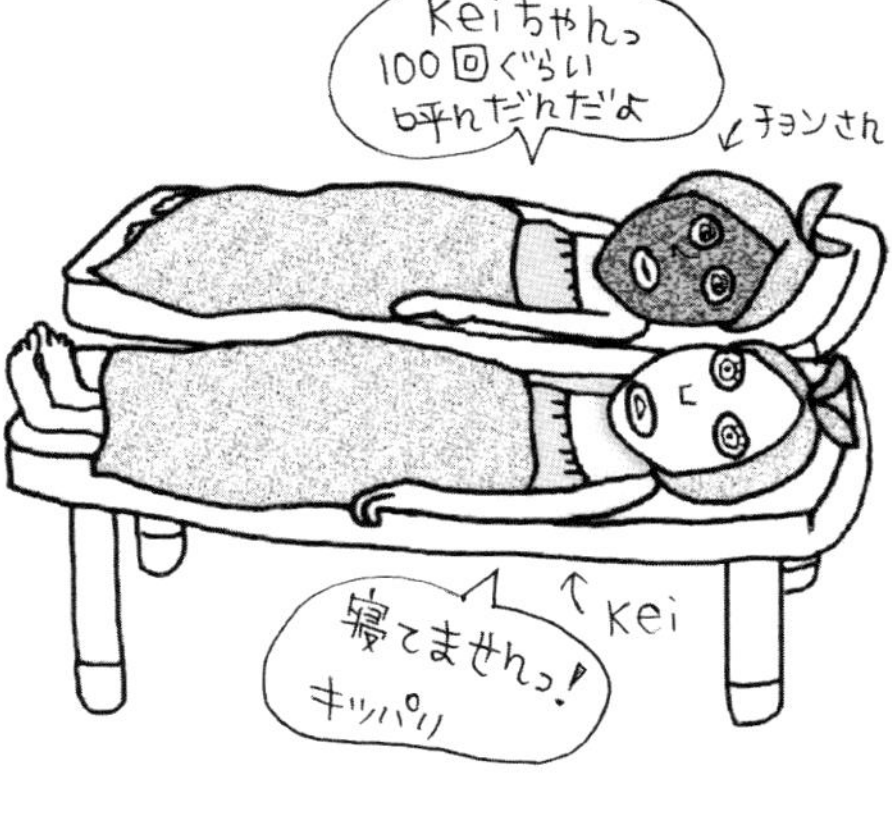

きみたい。緑色のパックで海藻魔人に変身していたチョンさんは、うふふ…と笑ってた。その顔で笑うと恐いよぉ…。でも、私もおんなじ顔だったりして。エステ中のうたた寝って最高に気持ちいいね。

　パックを取った後は、仕上げのマッサージをしてくれて、頭カラッポ状態でフィニッシュ(笑)。仕上げのクリームをたっぷり塗られてるので、チョンさんも私もツヤツヤ肌。本当はこのまま眠りにつくと、栄養分が浸透して、肌が見違えるようになるんだそう。

　ここでは、特殊な機械を使って

やっぱりエステティシャン
すご〜く きれい
このお姉さんの肌すごーくきれい。
白くってモチモチ。いいなぁ

一番お気に入り
ツボマッサージ
只今ツボ押され中
Z Z Z Z
頭のてっぺんもやけにやってたナ。もしかして、ずがい骨が、ゆがんでるのか？

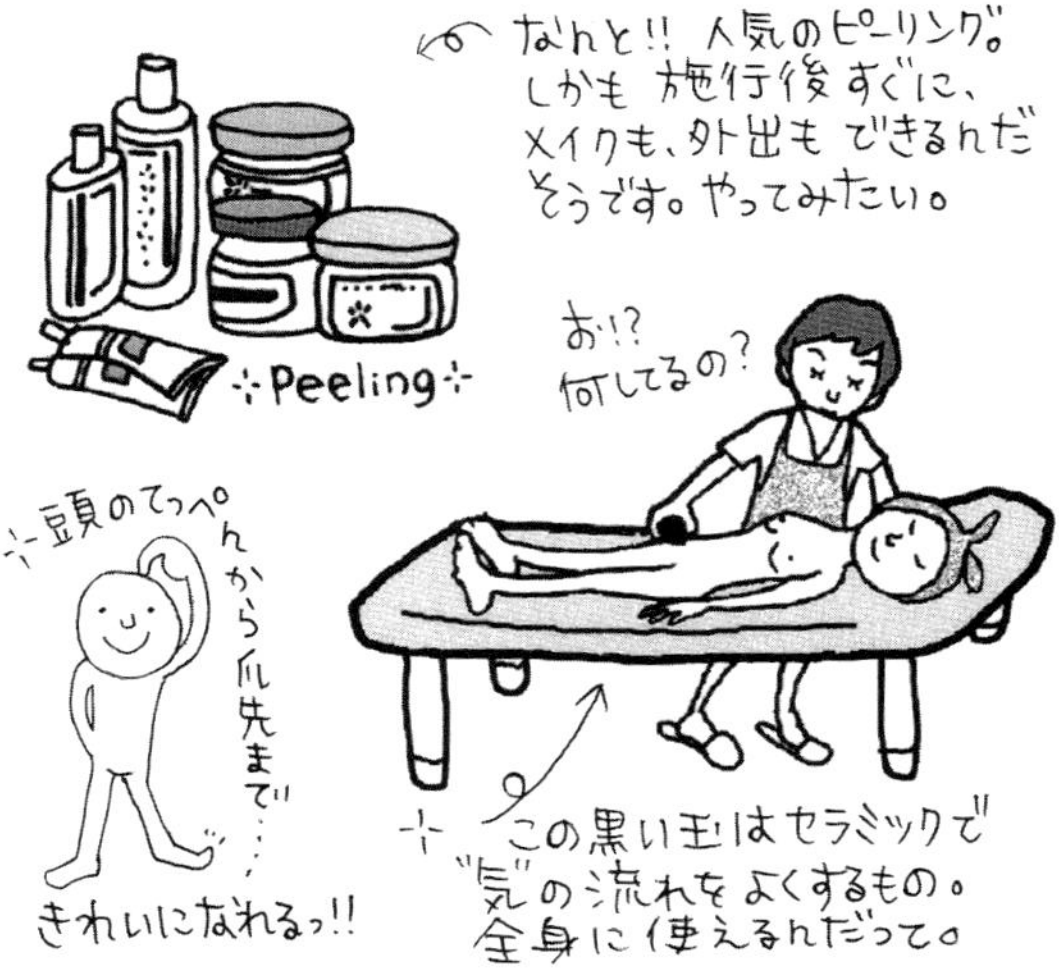
なんと!! 人気のピーリング。
しかも 施行後すぐに、
メイクも、外出も できるんだ
そうです。やってみたい。
Peeling
お!?
何してるの?
頭のてっぺんから爪先まで…
きれいになれるっ!!
この黒い玉はセラミックで
"気"の流れをよくするもの。
全身に使えるんだって。

行なうイオン・ビタミンCケアがイチオシ。(＋)(－)の電流を肌に流すことによって、ビタミンCを浸透させるとか。シミ、シワなどに、効果的なんだそう。それから、日本でも流行っているピーリング。通常、ピーリングした後は外に出て紫外線を受けてはいけないとか、注意点が多いらしい。でも、ここのピーリングは、お化粧も外出もできる最先端のものなんだそう。いつか、ここでピーリングを体験してみよう！ ※本書持参でトータルエステコース一万五千円が10％割り引きになるよ。

「JUNコスメティック」江南区新沙洞 563-15　Tel 515-5802

☞「준코스메틱」강남구 신사동563-15 준크리닉 B/D

チョン・ウンスクのアドバイス④

ONE POINT ADVICE

『エスパ』でケイちゃんが受けたリフティング・ケア（６万5000ウォン）は、微弱な電流で皮膚に刺激を与え、弾力性を回復させてシワを防いだり、皮膚の繊《せん》維《い》を再生するもの。30代に突入した私たちには、実にぴったりのケアと言えるでしょう。

また、『ＪＵＮコスメティック』のイオン・ビタミンＣケア（６万ウォン）は、（＋）（－）の電流を流して、摂取されにくいビタミンＣを皮膚の深くまで浸透させる方法です。ビタミンＣが、メラニン色素の沈着を抑え、しみやそばかす、皮膚の老化を防止することは、よく知られていますよね。

本格的なエステサロンでケアを受けてよかったことは、自分の肌のタイプがはっきりわかったことです。今まで、単純に脂性の肌だと思いこんでいて、脂性肌用の化粧品を使っていたのですが、実際はオイリーとドライが混じった複合・敏感肌だったと知っておどろきました。また、正しいクレンジングのやりかたが学べることも魅力です。

ソウルでは高級なサロンでも、日本よりはずっとお手ごろ価格ですから、肌のタイプを正確に知る意味でも利用する価値は大きいと思います。

〈STAFF〉の男の子と女の子。
お店の前で話してた。
Asia
美人○細ーい
金髪の
男の子

キムソンヨン美容室の外観。まわりは食堂や飲み屋さん。向かいのビルの2Fには、PC房（ピーシーバン・インターネットカフェ）がある。

ソウルのイケてる美容室 カラーリングに挑戦！

少し前に、私は超ロンゲをばっさり切って肩のラインに揃えた。軽くなったけど、色が重いなぁ〜と思いつつ、忙しさにかまけて美容室から足が遠のいてしまってた。チョンさんにソウルの美容室の話を聞いたら、日本よりかなり安いことが判明。ロン毛の私は、カット&パーマや、カット&カラーリングで、一万円〜一万五千円

サービスのキャンディ
をGET！
韓国のキャンディ。日本にない味がいっぱいある。
このテーブルでカウンセリングをしてくれます。
COLOR SAMPLE
あ。カボチャのアメだ!!
すご〜い。これなにたくさんのカラーサンプル
過激な色もいっぱいある。

は美容室に払っていた。流行のヘアを試そうとしたら、けっこうお金がかかるのよね。せっかくエステできれいになっても、ヘアスタイルが決まらないなんてダメダメ。そこで、ソウルでも人気の美容室に行くことに。チョンさんは、トリートメントがおすすめだよ〜！　って言ってた。日本でいうヘアマニキュアのことね。とりあえず、美容室をのぞいてみよう…。

江南駅から徒歩五分。「キム・ソンヨン美容室」の前では、金髪の男の子と、スパイラルパーマの女の子がおしゃべりしてる。これ

※カットは10,000ウォン

はスタッフの子たちだわ！　と思い、急に気分が盛り上がってきた。というのも、韓国のヘアサロン事情もモードも全然知らなかったから、「いったいどうなっちゃうんだろ…」と、内心ドキドキだったのだ。海外でヘアスタイルを変えるなんて、やっぱりちょっと緊張するもんね。ところが二人があんまりにもカッコ良かったので、ホッとしたってわけ。とくに女の子は、日本で言うとリョウみたいなスッキリした顔立ちに、ロングの細かいスパイラルが映える。

　いざ入店。入って右側にカット

お姉さんの髪の色がかわいい茶色で、同じ色をオーダーしました。ほんの数本だけスパイラルパーマがかかってた!!
pretty

帽子はトレードマーク
マユモナイ。
帽子をとったら
前髪ペターッ

ていねいにカウンセリングしてくれるので安心

待ちのお客様のためのテーブルがあって、ここでカウンセリングをします。日本の美容室と同じで、ヘアカタログやファッション雑誌、お店の人が作ったファイルなどが置いてある。それから、「御自由にお食べください」と、キャンディが山盛り。思わずキャンディわしづかみ（笑）。ダイエットの旅なのにダメじゃん。

　しばらくすると、担当してくれるお姉さんが笑顔で登場。とっても可愛い～！　顔も小さ～い。韓国ではどんな髪型が流行っているのかを聞いたら、やっぱりシャギ

＋クッションをどうぞ＋
ん？どういうことだろう。もしかして
安心させるため？
韓国のヘアサロンでよくある。サービス。
雑誌と一緒に渡されるらしい。
Keiちゃんはクッションのみ。

＋ヘアーサロン・スタイル＋
前開きタイプなーんて、
カットの時、毛が入りそう。
珍しいワ。

お洋服に 染料がつかぬ様にと
念入りにケープをかけて…。
この男の子、日本人っぽい。
完全に
保護してくれる
スバラシイ。

ー系や、ショートボブ系。日本の女の子の好むヘアスタイルと一緒。お店の人が独自で、雑誌の切り抜きをファイルにしていました。ここで自分に合うヘアスタイルを、美容師さんと一緒に考えてゆきます。できればカラーリングしたい、と私が言うと、「職業は?」と聞かれました。ライフスタイルに合わせた髪型の提案をするってことか…なるほど。「イラストレーターです」と答えたら、今のスタイルは大人しすぎるんじゃないですか？　とのこと。パーマをかけてみたら？　とアドバイ

このカラーリングの最中は、ずーっと2人でやってくれる。ものすごいコンビネーション。何かのSHOWみたい。

※左右対称に2人がかりで※

スされた。しかし、さすがにパーマは勇気がいるなぁ…と思ったので、痛んだ髪のエステとカラーリングをお願いすることに。

カラーサンプルから選んで決めるんだけど、担当のお姉さんの髪の色がきれいで、さっきから気になっていた。「お姉さんみたいな色にして！」と、自然な栗色をオーダー。そして、痛んだ髪に栄養を与えるトリートメントも。

カラーリングの液を、徐々に塗っていきます。なんと二人がかりで、左右から同じように塗ってゆく。だから、左右同時進行で、髪

※カラーリングは40,000〜70,000ウォン、トリートメントは20,000〜50,000ウォン

を引っ張られる場所も同じなの。左右対称に頭皮を刺激されてる感じがおもしろいんだなぁ。

　あと、日本とちがうところといったら、頭皮に近いギリギリのところまで、カラーリング液を塗ること。ムム？　頭皮に着いてる可能性大。でも、これなら生え際がとってもきれいになりそう。ものすごい早さで塗り終えて、今度は熱を加えます。

　時間を知らせる音が鳴ると、飛んできてくれます。そして、チェック。これも二人でちゃんと見てくれます。今度は二液目を塗りま

す。そして、さらに熱を加えてカラーリングは終了。カラーリング剤を落すために流しへ。この流し台では、シャンプーに加えて、頭皮のマッサージを丹念にしてくれました。もう、気持ちよすぎ！　きれいにシャンプーして流した後には、ヘアエステの栄養分を浸透させる、ロレアルのケラスターゼのトリートメントを。これは、髪質に合わせて栄養分を与えるトリートメントです。これを髪にまんべんなく着けた後、また席に戻って、銀色の巨大な袋を頭にかぶせるの。それをピターッとバンドで

FINISH
ドライヤーでセットアップ
なんだか妙にリラックスして気分がとてもイイ。

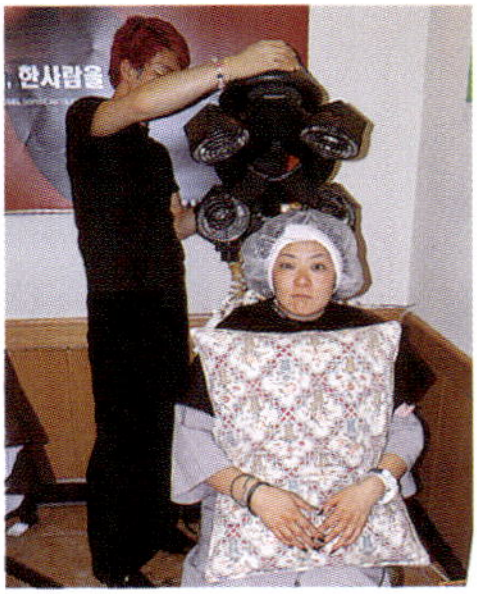

どこの席に移ってもクッションを渡される。結局最後までこうやって抱いていました。この上で雑誌を読むのがいいらしい。

カラーリングしたいなら
「カラーリング
ハゴシップンデヨ」
カラーリング
したいんです
けれど…
トリートメント
したいなら
「トリートメント
ハゴシップンデヨ」
トリートメント
したいんです
けど…

こんなにツヤツヤ
サラサラになった!!

留めて蒸気を送ると、銀色の袋がどんどんふくらんで、モッコリしてくる。わぁ、アラレちゃんに出てきたニコちゃん大王みたい。横から見たら、モスラの幼虫に頭を食われたみたいだぁ。ギャハハハ。しかも、頭のてっぺんに穴が二つ開いていて、そこから蒸気がブシュ～ッと吹き出てる。「怒ったぞ～！」って感じ。笑っちゃう。

　これが終るとスタイリングへ。私の髪の毛はコシがないので、根元を丹念に立ち上げるようにブローしてくれました。いつもはペタッとしてるのに、すご～い。フワ

《チョンさん・ヘアチェック》
CCDカメラを使ってヘアチェックもしてくれる無料サービス
雑紙の切り抜きなどをもってきて
「イロッケ ヘージュセヨ」
こうしてください
Sampoo
「シャンプー ヘージュセヨ」
シャンプーしてください

フワ、ツヤツヤの髪に仕上がっていく～。

しかも、いつも美容室の人が、どうしようと悩む前髪（前髪のところにツムジがあるので、まっすぐに下りない）も、難なくクリア。行きつけのヘアサロンでは、前髪だけ自分でブローさせてもらってるのに…。

カットはしていないのに、すでに3時間が経過。もともと残っていた、カラーリングとの色の差を埋めてから、仕上げの色にさらにカラーリング。とってもキメ細やかなサービスをしてくれました。

「キム・ソンヨン美容室」江南区駅三洞818-6 カブビル 1F　Tel 565-4943
☞「강남김선영미용실」 강남구 역삼동 818-6 갑우빌딩

チョン・ウンスクのアドバイス⑤

ONE POINT ADVICE

思いきって外国でのカラーリングにチャレンジしたケイちゃんですが、そこまでの勇気はないという人は、ストレートパーマをかけてみたらどうでしょう。これなら、仕上がりが気に入らないという危険もほとんどないし、韓国の美容室ではトリートメント（ヘアマニキュア）を念入りにしてくれるので、髪の毛が栄養をたっぷり吸収して、つやつやになります。しかも、髪の毛が自分のものとは思えないほど軽くなって、すごく気持ちがいいのです。値段も、3万ウォン〜5万ウォンくらいで、日本よりずっとお手頃です（ケイちゃんが体験したカラーリング＋トリートメントは7万ウォン）。私は日本に留学していたときも、美容室だけは一時帰国したときにソウルの店を利用していました。

ソウルでは、明洞《ミヨンドン》、狎鴎亭洞《アツクジヨンドン》、江南《カンナム》、梨大《イデ》前（梨花女子大前）あたりに、おしゃれな若者に人気がある美容室が集まっています。なかでも、梨大前の美容室は、主に大学生たちを対象としているので、他の店と比べ、さらに値段は安めです。美容室では日本同様、ヘアケア製品も販売していますが、同じアメリカやヨーロッパからの輸入品でも、日本より安く買えるので、これまた見逃せません。

✢COLOR NAILS✢ 江南区新沙洞は日本の青山みたい

やきバー
やきばーって…
『やきばー!?』

✢ネイルサロンに行くのに街を散歩✢
お洒落な店や日本語の看板がけっこうある。オモシロイ看板も。

エアブラシの魔法にうっとり ネイルアート

キックボードに乗って、江南区新沙洞《シンサドン》にあるネイルサロンに行きました。本当におしゃれなお店が多いなぁと思ってたら、印象的な日本語の店名発見。その名も『やきバー』(笑)。思わず、だんご三兄弟のように並ぶ、おばあちゃんの顔を想像してしまった。ウフフ……焼き婆ぁ。

到着したのは米国仕込みの技術

カーラって…カラーネイルズ
SEOULにもいた!! キックボード少年
カーラネイルズ

日本で言ったら 青山や表参道のような場所にある。ここでキックボードに乗った少年を発見。日本の流行はすぐに入ってくる。このネイルサロンは芸能人など有名人がよく利用するんだそうな。韓国の流行はこの土地から発信する。 あらら!? 看板の日本語まちがってますよ。オモシロイ。

をもち、日本語も通じるネイルサロン。モデルさんや芸能人が、このサロンをよく利用します。いつも自己流でネイルアートを楽しんでいたんだけど、自分でやるとなると、左手はできるのに、右手には描けないのがくやしかった。やっぱりプロにおまかせがいいみたい。あまり知られてないけど、NYやLAのネイルサロンは在米コリアンがやっている店が多いんだって。だから腕は確か。

いくつかのコースのなかから、エアブラシでデザインする人工ネイルを選択。一週間から十日ぐら

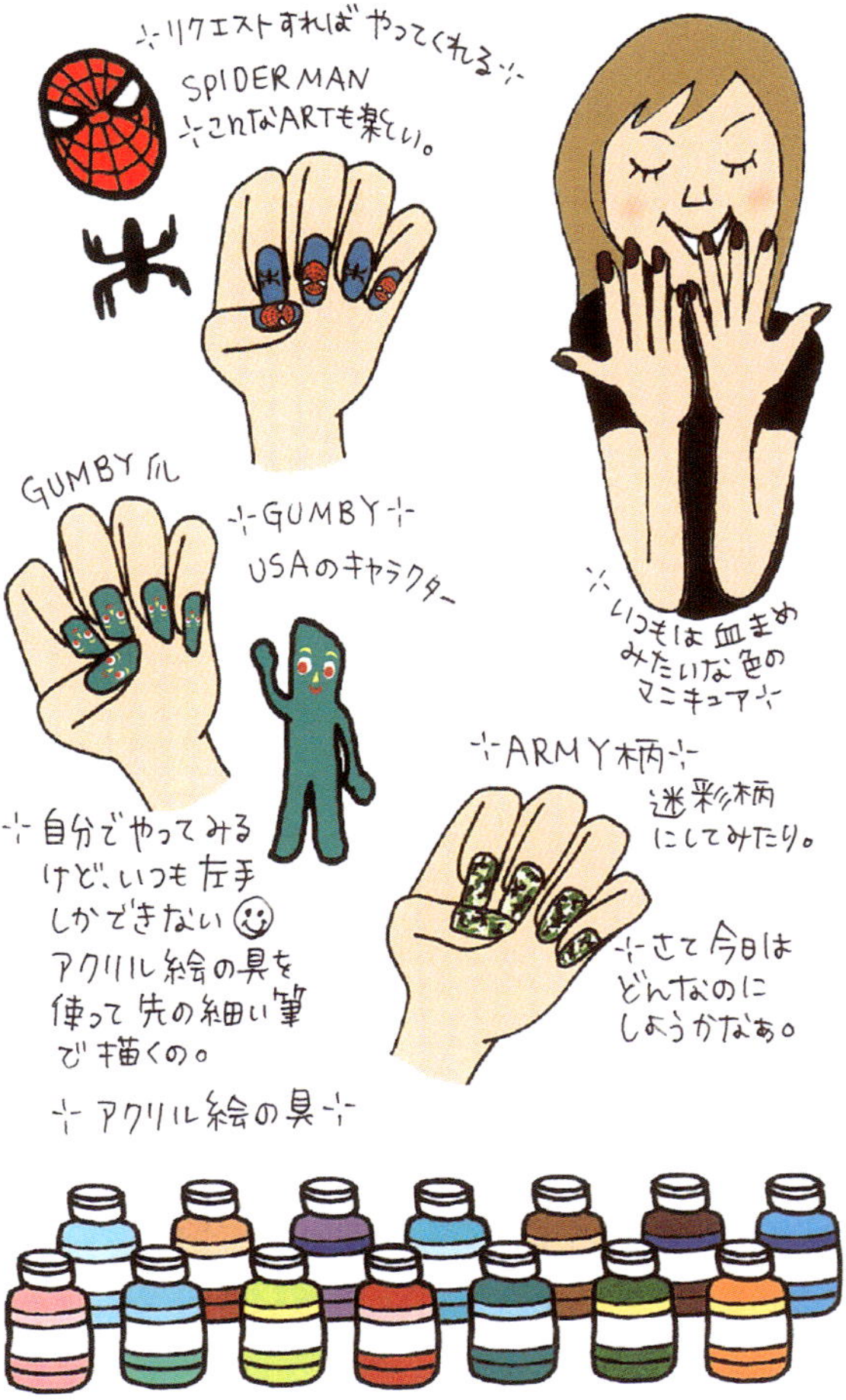
リクエストすればやってくれる
SPIDER MAN
こんなARTも楽しい。
GUMBY爪
GUMBY
USAのキャラクター
いつもは血まめみたいな色のマニキュア
ARMY柄
迷彩柄にしてみたり。
自分でやってみるけど、いつも左手しかできない
アクリル絵の具を使って先の細い筆で描くの。
さて今日はどんなのにしようかなあ。
アクリル絵の具

いもつ、チップを使ったサービスが、七万ウォンのお値打ち価格。まずは、ヤスリで磨きあげた短い爪の手をお湯につけてふやかす。オイルを塗ってから、甘皮《あまかわ》のお手入れ。ギューッと甘皮を押し上げて、要らない甘皮を切り取る。しかも徹底的に。そんなに取っちゃヤダ！って言いそうになってしまうくらい、取ってくれました。ドキドキとチクチク感はあったけど、こんなにキレイになるんだ！ってくらいキレイになりました。消毒スプレー後、手の平と指先のマッサージ。気持ちいい。

Nail chip
チップをつけてArtしてもらうことに。7〜10日間持つクイックネイル。
パンフレットを開いたら人造ネイルって書いてあって笑った!!
爪に直接、爪用の接着剤で、CHIPをつけてゆく方法です。
FOR CHIP
FOR CHIP
人造ネイル

-:- START -:-
やすりで元の爪をととのえてゆきます

ネイル
-:- ファイル用 -:-

-:- PRETTYな
爪やすり -:-

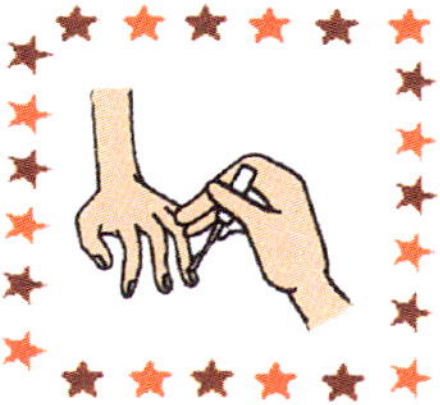

保護のために
トップコートをぬる

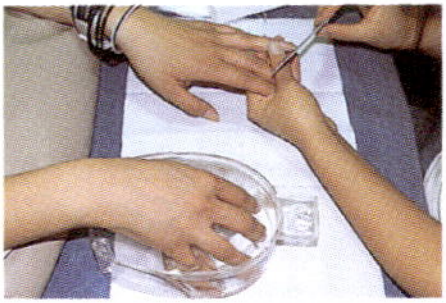

お湯につける。
甘皮を取り易くするのです。

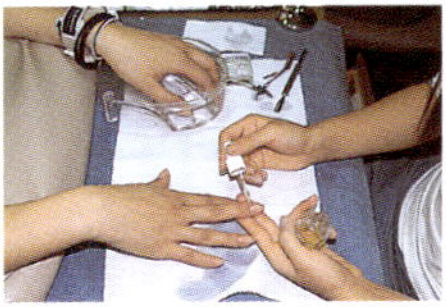

Oilを付けて
甘皮処理へ
ドキドキ…

-:- 甘皮を押し上げる -:-
ギュ〜〜ッと押される。これニガテ。 ああ。まだかな。
早く終わって。変な汗が出る。

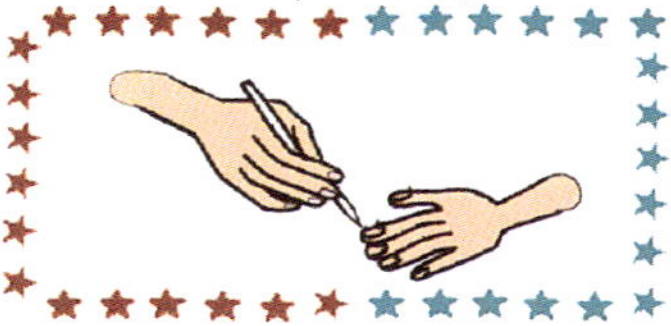

✧甘皮を押し上げたら
今度はきれいにcut!!
ちょっとチクチクするぅ。
これが、ようしゃなくcut
される。逃げ腰のkei
ちゃんの手、少々ふるえ
ギミ。

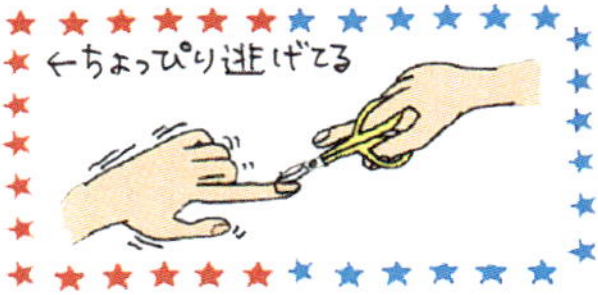

そして、あんなに徹底的に取った甘皮を再度チェーック。まだ取るのぉぉぉ？って叫びたい気持ち。
チップを当てて再度爪を磨き直し。根元から、強力な接着剤で、爪の根元からチップを付けていく。ぴた〜って着く感じ。爪が窮屈だよぅと嘆

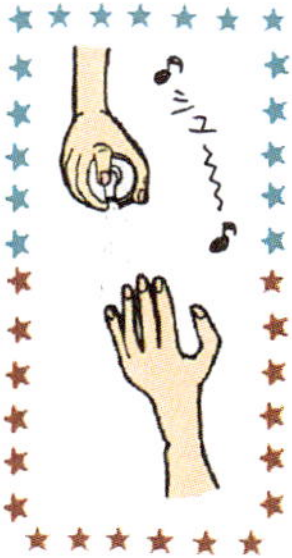

✧蒸しタオルで
あたためて、コットンで
余分な油分を取
りのぞく。

✧手の平マッサージ
きんもちイイ〜〜♥
でも関節はヤメテ〜
急所なのだ☺
チキン肌になった。

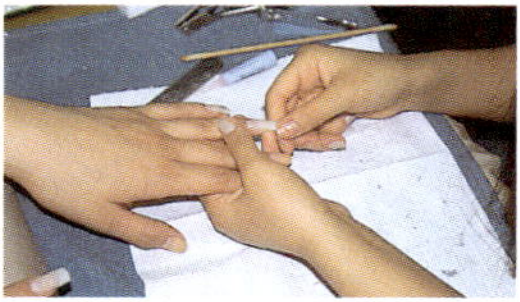

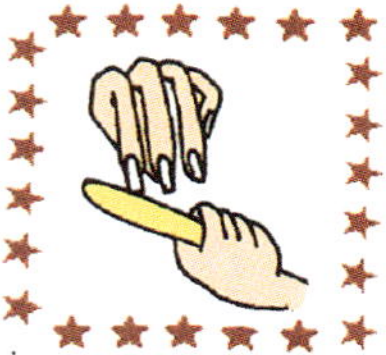

✧CHIPをつける✧
ギューッとしまる感じ

✧CHIPをファイルして
長さを調節。なんだか
爪がキュークツ。

くけど、これもビューティな爪になるための辛抱。完全に付いたら、長さ調節。自前の爪はとっても短くなったので、チップは「長め」を注文。手を洗ってドライヤーで乾かしたら、ベースコートを塗ってステンシルを選ぶ。

自分の爪に合う
サイズを探そう

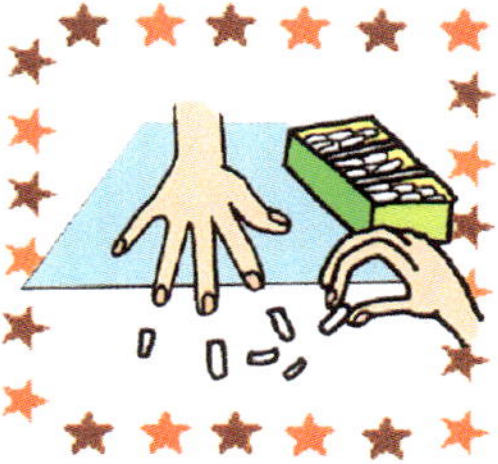

(×へ) そしてまたもや….
ニガ手な甘皮取り。
徹底的に取る。
この処理ハンパじゃない
爪がとれちゃったりしない？

ここまでの
過程を終えたら
CHIPを選ぼう

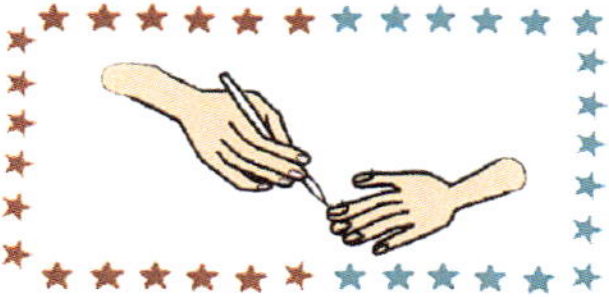

✧ステンシルシート✧
ものすごい種類だ。
どれにしようかなぁ‥

✧洗面所で手を洗います。
↓
その後ドライヤーで乾かす。

せっかく韓国でアートするんだから、大好きな陰陽《いんよう》マークがいいなぁ。さぁて、どうしよう。鳥、花、唐草《からくさ》模様もある。おっ、顔マーク発見！ これはかわいい。おもしろいので親指はこれに決定。他の爪には、この顔マー

おお。珍しいデザインがいっぱいあるぅ。

好みのデザイン選び

エアーブラシでベースをぬる。

✧選んだシートを爪の上にのせてエアブラシで絵柄をシューッと描いてゆく。

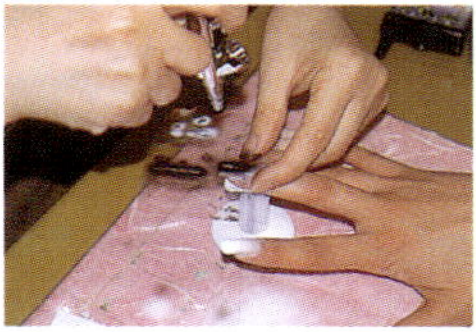

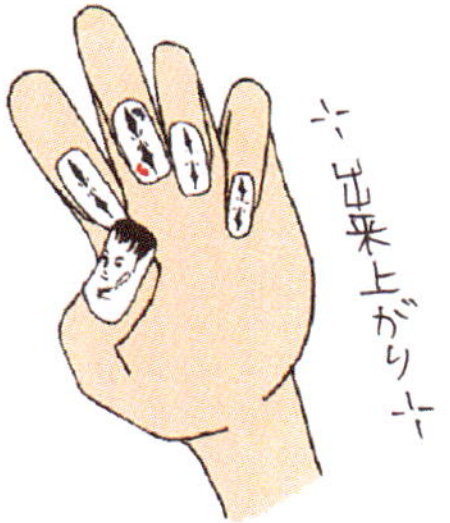
出来上がり

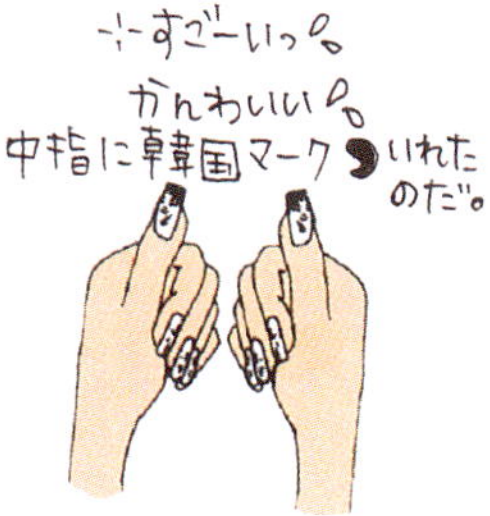
すごーいっ
かわいい
中指に韓国マークいれたのだ。

クに似合う柄を。中指には赤と青の陰陽マークのワンポイント。普段、濃い色のマニキュアが多いので、ベースは思いきって白。エアブラシで着色。プシュー！ 素材はアクリル絵の具なんだけど、薄く塗れるからキレイ。

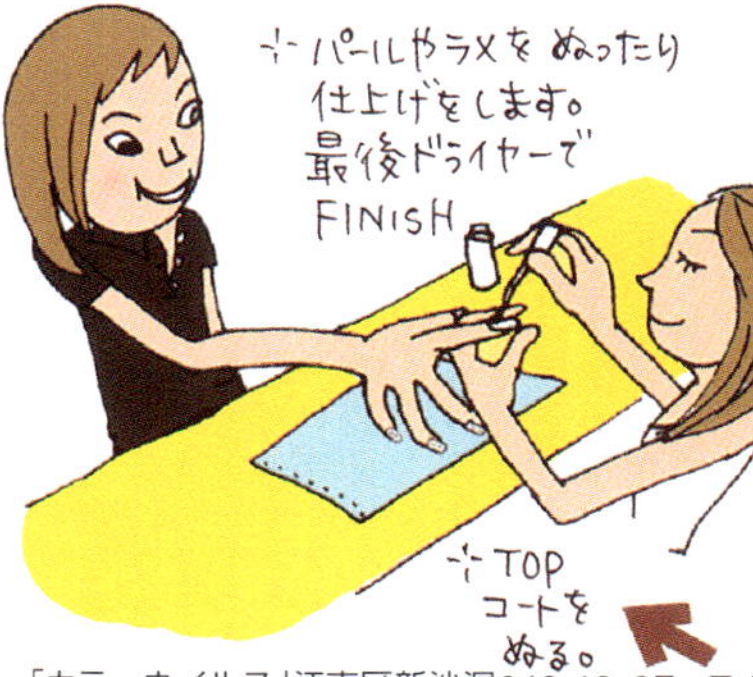
パールやラメをぬったり
仕上げをします。
最後ドライヤーで
FINISH
TOP
コートを
ぬる。

かお
keiちゃんの
選んだデザイン。
これを両手の
親指に。

「カラーネイルス」江南区新沙洞648-13 2F　Tel 517-3300
「칼라네일스」 강남구 신사동 648-13 2F

たとえば、白のマニキュアって二度塗り以上しないとキレイに色が出ないし、変色しちゃうもんね。その上に黒のエアブラシで、顔のマークのステンシルをおいてシューッ。

こっちのステンシルも使いたい〜！ って他のをおねだりしたら、バランスを考えたら、それは使わないほうがいいとアドバイスされた。さすがアーティストっぽい、こだわりがある。最後にコーティングのトップコートを塗って、ドライヤーで徹底的に乾かして、できあがり。

日焼けマシーンも
脱毛もできる
まつもパーマも！
院長の黄先生
ビキニラインを…♡型に脱毛する人もいます
なんですとぉ〜？ハート型に脱毛なんて…うそだぁ!?

足の裏まで美人になるぞっ！
フットマッサージ

足つぼ刺激と聞いて、接骨院《せっこついん》のようなところを想像していたら、漢南洞《ハンナムドン》にあるこの施設は、エステサロン並みにきれい。それに事務担当で日本語もできるご主人と奥様の朴英丹《パクヨンタン》先生がすごく優しい。スタッフも全員女性でした。

　最初に水流マッサージ。天然香油の成分が入ったフットバスに足を入れて殺菌＆マッサージ。ジワ

しかし・・・ オアシスを
みつけてしまった。
足の裏ツボマッサージ。
さんぜんと
輝く看板
くんデス。
ようこそ!!
何これ!?
WELCOME
朴・足ツボ
よくばって ダイエットの旅を続けた2人だけれど、よくばりすぎて過密スケジュール!!
エステ→グルメ→エステ→グルメ
体にいい旅って言ったけど
バターキューッ
ヘロヘロ
デス。

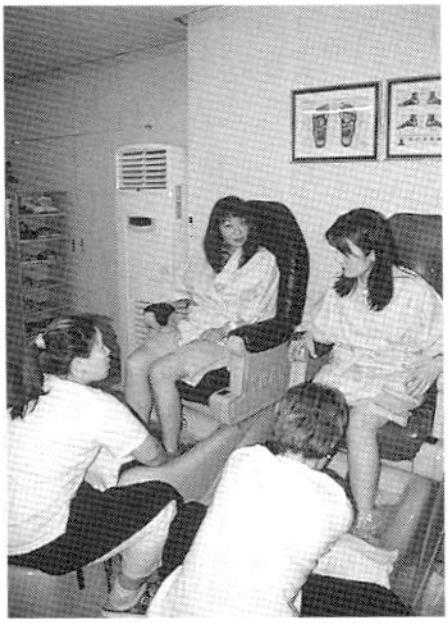

まずは水マッサージから。汗がじんわり
これだけでずいぶん
足が軽くなる

朴夫妻は、とっても笑顔がステキ
日本語ペラペラのご主人
奥さま
優しさが顔にあらわれているお2人

奥さまが施行してくださいます。
ソウル市内であればご主人が送迎してくれる!!

ーっとあたたかくて、びっくりするぐらい汗ばむ。

　そのあと、奥の部屋に並んでるベッドに横になって、クリームを塗って足マッサージ。足つぼ刺激は、痛みを感じる部分とつながっている身体の部分が悪いところ。ケイちゃんは、痛いのいつ来るのかな？　ってビビリながら待ってるから、やけに敏感。ちょっとした刺激で、「痛っ！　ふっふ〜ん」（笑）。声にならない声が出ちゃうけど、だんだん慣れてくる。続いて、ゆっくり、やさし〜くていねいに、動脈の流れをよくしてくれ

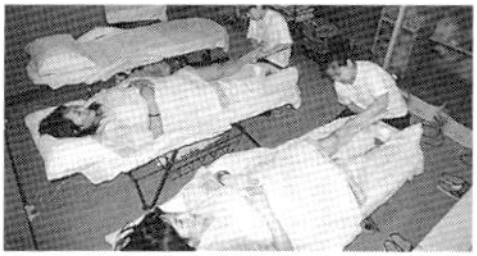

☆足マッサージは
痛かったら「痛い」
と伝えましょう。
するとすぐ調節して
くれます。

☆〈つぼ押し棒〉
体の悪い所
がやけに
痛い。ほぐす
ようにもんで
くれる。
☆しずかなチョンさん
OH!
☆やけに
おおげさな
keiちゃん☆

るマッサージ。本当に気持ちイイ。ふくらはぎやカカト、普段意識していない部分がほぐれていくぅ。なんだか眠～くなってきた。これ、身体だけじゃなくて、脳にも効くみたい。アルファ波が出るってこういうことじゃないかしら。

そしてツボを刺激する反射療法。来たぁ、これが痛いやつだ！

ツボ刺激専用の棒を使って足の裏を押してゆく。「痛ったぁぁぁぁい！　先生、どこが悪いんですか？」と聞いたら、腸だって。でも、痛いと言えば、優しくやってくれるので、後は気持ちいい。で

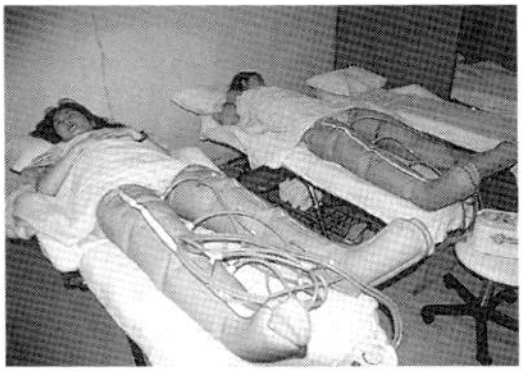

✧眠ーくなって
いつのまにか ZZZ
寝てしまっていた。✧

最初キュウクツで
叫んだkeiちゃん。
チョンさんは気持ち
よさそう。
空気圧でマッサージ。

✧AIRマッサージ✧
片足ずつ足をつつむように
全身やってくれませんか？ギューッとね
血圧計の圧迫感ににてる
ギュイ〜ン

も他のところを押したら、また「痛ったぁぁぁい！」どうやら、ケイちゃん、腰も悪いらしい。

痛いところをほぐしてもらえば、自然治癒力が高まり、老廃物《ろうはいぶつ》が身体の外に出やすくなるんだって。身体中ポカポカしてきて、眠いよぉ……。隣のチョンさんは全然、痛いって言わない。健康なのね。

次に、スキー用パンツにチューブがくっついたみたいなものを両脚にはいて、エアマッサージ。チューブから空気が送られて、ギューって足を締め付ける。これ、指圧なんだって。機械が血圧計のよ

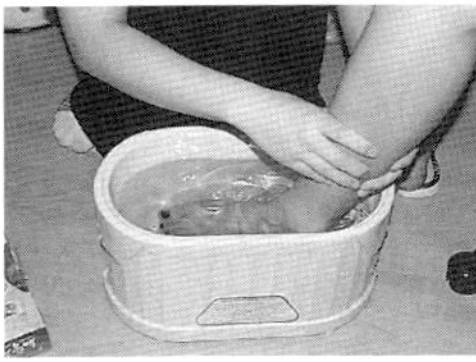

✧足をワックスに入れる✧
アツ〜〜〜〜イッ♪

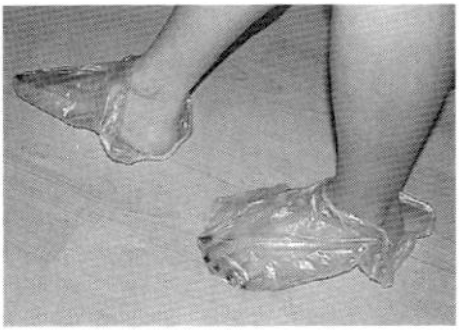

うう 熱かった。
ビニールをはいて
少しすると固まった。
WAXのくつ下だ。

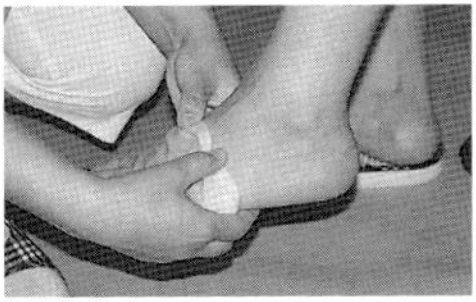

✧ズルリンとむける✧
なんだ？解放感♥

うな圧迫感を与えてくれる。「ちょっと痛いで〜す」と言ったら、中にタオルを入れてくれました。チョンさんは気持ちよさそう。

…と、そこまでは覚えているんだけど、いつのまにか、グーグー眠ってしまった私（笑）。しかも、イビキかいて…。

目が覚めたら、パラピンワックスが準備されてた。高温の液体ワックスの中に足を入れてミネラルの栄養補給。これ関節炎にも効くらしい。ケイちゃん、潔く入れるつもりが、気持ちとは裏腹に「熱いのヤダ」と足が抵抗してしまいました。これも汗がジワ〜ッ。足のサウナみたい。すごい汗だくになっているので、痩せると確信。足を刺激するのって、ものすごく身体に影響するんだなぁって感心。青竹《あおたけ》踏《ふ》みだってバカにできないよね。

パラピンワックスした足にビニール袋をかぶせて、しばらくすると靴下のように固まってくる。何分か経ったあと、今度は靴下をぬぐようにズルリ。出てきた足は、生まれ変わったみたいにしっとりスベスベ。こころなしか、足のかたちもよくなった感じ。思わず「今

✧フットケアはすべて終了✧
ここで水分を取ります。これで体内の老廃物が外に出るのを促しマス
✧顔がPINK色✧
ねえ ねえ とちゅうで… オナラしたくならなかったあ!?
うん なった!
コーン茶をごちそうになった
CORN
✧と話してたら
ハジャンシル(TOILET)。チョンさん健康。

までなにもしてあげられなくてごめんね。「これからは大切にするね」って、言いたくなっちゃった。いつも縁の下でがんばってる足に、きっちりお礼したって感じです。

最後にお水がわりに、香ばしいとうもろこし茶をゴクゴク。これで計ったようにトイレに行きたくなるから不思議。そういえば、マッサージを受けているうちにツボ刺激がおなかに届くのか、ケイちゃんもチョンさんも、ず〜っとお腹がゴロゴロしてた…。身体の悪いものが外に出ていくという先生の言葉は、本当に説得力あるよね。

ほーんと気持ちよかったネ。
なんかきれいな足になって
なーい!? なってるぅ〜〜〜♪
朴先生の所、又来よう!!

☆眠っちゃう程
キモチイイ〜♪
血行もよくなって
足が軽いし
ピッカピカ。
とてもリフレッシュ。

「朴英丹足専門管理室」龍山区漢南洞657-176 図一ビル5F　Tel 790-7340
☞「박영단발전문관리실」 용산구 한남동 657-176 도일빌딩 5F

チョン・ウンスクのアドバイス⑥

ONE POINT ADVICE

今回の旅で経験したことのなかで、もっとも精神的なリラクゼーションを実感することができたのが、足の裏マッサージでした。最初は、足の裏を他人にさわられるなんて変な感じだなと思ったのですが、次第に身体がぽかぽかとあたたかくなり、過密スケジュールで少しピリピリしていた気持ちがほぐれていくようでした。ケイちゃんも書いていましたが、足の裏というふだん意識しないところを刺激されて、こんなに身体や気持ちに影響があるとはおどろきです。海外旅行中というのは、誰もがハイテンションになっているので、神経や身体が疲れていてもついつい無理をしてしまい、体調を崩したり、帰国してからガクッときてしまったりしがちです。みなさんもソウルを旅行する際は、どこかで心身ともにリラックスできる時間をもつとよいでしょう。

足の裏マッサージは、ダイエットにも効果があります。まず、血液循環をよくすることによって、老廃物が体外に出やすくなります。また、腎臓、胃、大腸、小腸と結びついている部分を刺激することで、便秘の解消にもつながるというわけです。マッサージを受けているときに、私とケイちゃんのお腹の中が活発になったのも、そのせいだったんですね。

高級エステで使われている天然素材が、はかり売りや、小分けのパックで買えます。値段は格安。

昔のかわら屋根のお家が、たくさん残っている。京東市場（キョンドンシジャン）の八百屋横丁。市場はとっても活気に満ちあふれている。

爆笑ホームエステ劇場
ミスターX誕生！

京東市場《キョンドンシジャン》の天然漢方素材のお店で、透明のパッケージに入った粉を発見。ハングル文字が油性マジックで書かれてる。小麦色や、茶色いツブツブの入ったもの。いろいろな粉がい～っぱい売ってる。見てるだけで楽しくなっちゃう。無添加の自然の色ってきれいなんだなぁ。ヨモギはとってもきれいなグリーン。無添加で、香料

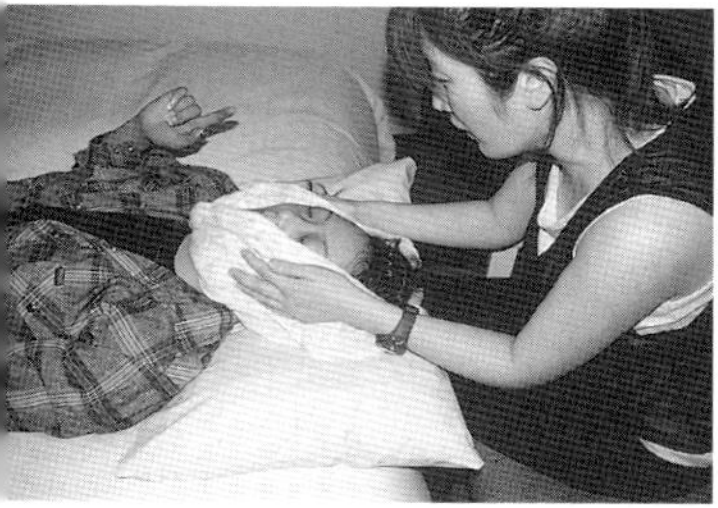

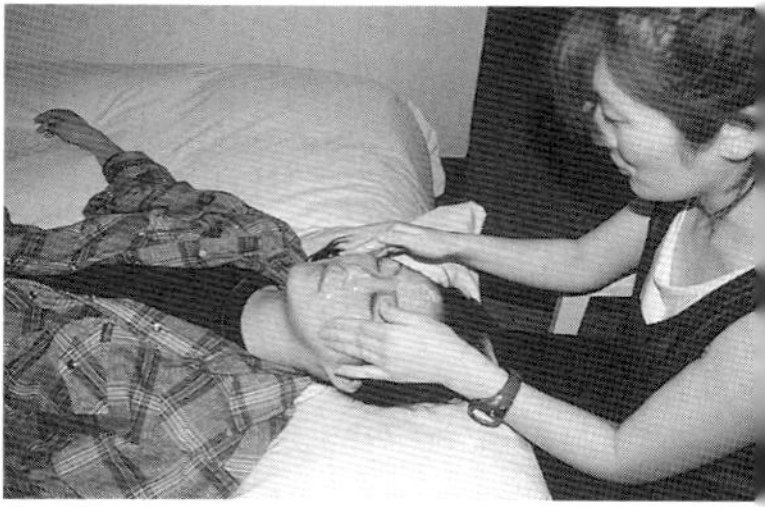

パックの栄養分がよくしんとうするようにすっかりクレンジングを蒸しタオルでふきとりましょう。JUNコスメティックでやったようにチョンさんがやってくれました。

手持ちの化粧品できれいにクレンジング。ディープクレンジングをいたしましょう。そしてマッサージ。チョンさんの指がエステティシャンのように動きます。

も入っていないから、敏感な肌にもいい。抗菌、にきび、血行促進、日焼けの鎮静にいいそうな。ホームエステは、これに決まり！

早速、ホテルの一室で、チョン&ケイのホームエステ体験だ。

チョンさん、手つきいい！　顔のマッサージなんてエステティシャンかと思うほど。お家でお姉さんと一緒にやってるんだって。どおりで、上手なわけだ。

まずは、よもぎの粉（適量）と小麦粉、それから牛乳を混ぜて、パックになる材料をつくる。ここで、皮膚に浸透させるために、キ

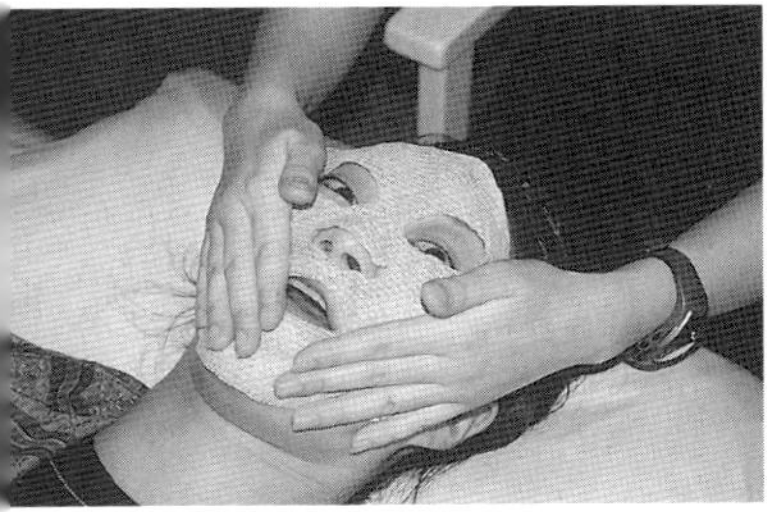

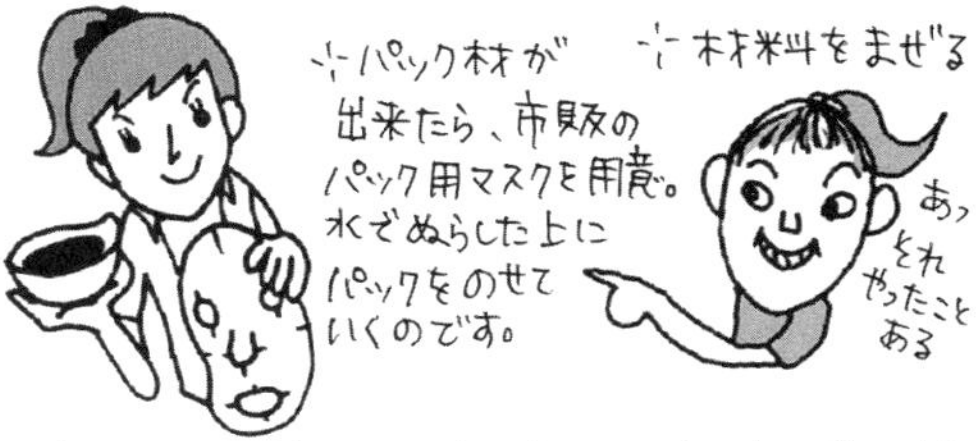
パック材が
出来たら、市販の
パック用マスクを用意。
水でぬらした上に
パックをのせて
いくのです。
材料をまぜる
あっ
それ
やったこと
ある

レイにクレンジング。クレンジングクリームを使って、丹念に、お化粧を落としつつマッサージ。そして、市販の顔パック用のシートを顔に乗せる。その上によもぎパックを少しずつ均等に伸ばしていく。されるがままになっていたケイちゃんの鼻の穴にヨモギがっ！

「チョンさ～ん！　鼻の穴に～」

そしたら、チョンさん平然と、

「大丈夫よぉ。いい匂いだからぁ」

「…」(笑)。確かにいい匂いなんだけど、鼻の穴がふさがれてるぅ。

　この後、サランラップを五センチ幅でカットして、パックされた

✧ラップをはる

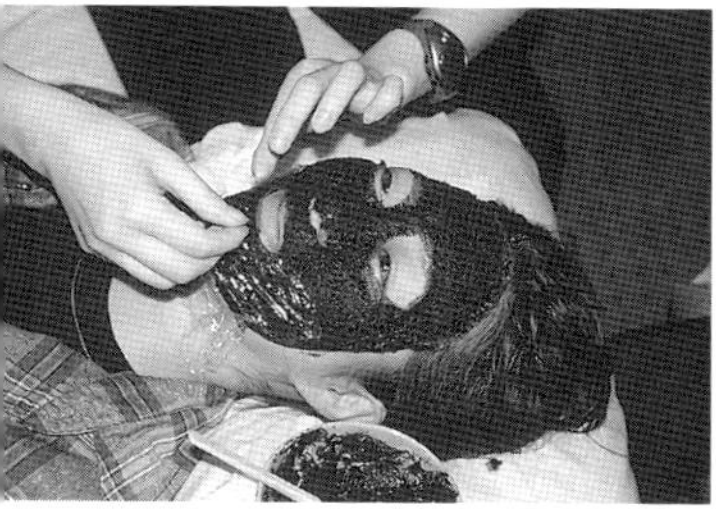

ワクワクッ
✧ぬりはじめる✧

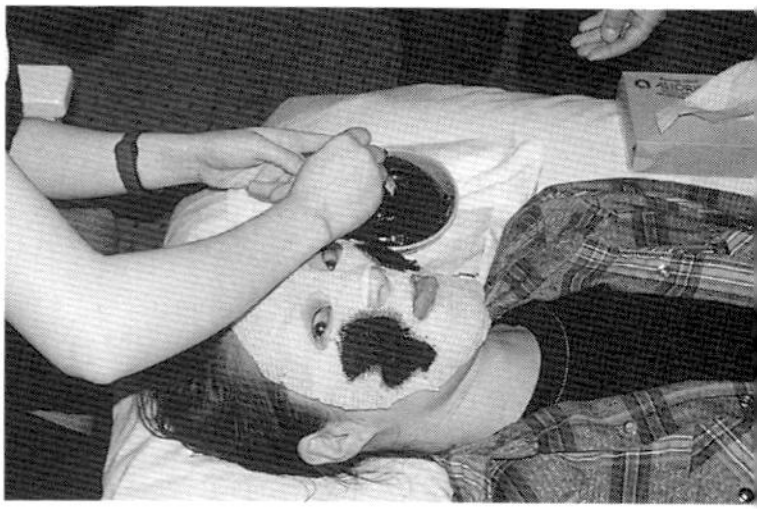

ゲラ
ゲラ
ゲラ

✧パック材を顔に伸ばしてゆきましょう。自分のスガタを見るまではこれなだったなんて知らなかった…

✧ラップはよくしんとうさせる為

プロレスラーみたい。

顔にラップしていく。こうするとヨモギ成分が皮膚に浸透しやすいんだって。このまま十五〜二十分待てば、塗りは完了。顔中よもぎのケイちゃん、自分の顔をビデオで見ると…。「ギャハハハハハハハハハハハッ！」なんじゃこりゃ！ 謎の覆面レスラー、ミスターXかっちゅうの？ 笑いを止めることができません。チョンさん、よく笑わなかったねぇ。パックのとき笑っちゃいけないって、よ〜くわかっているけれど、笑わずにはいられない。

ゲラゲラ笑って、あっという間

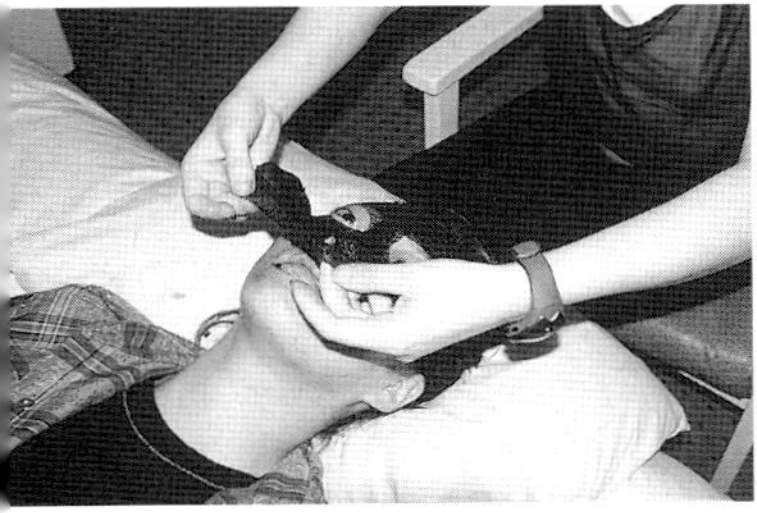

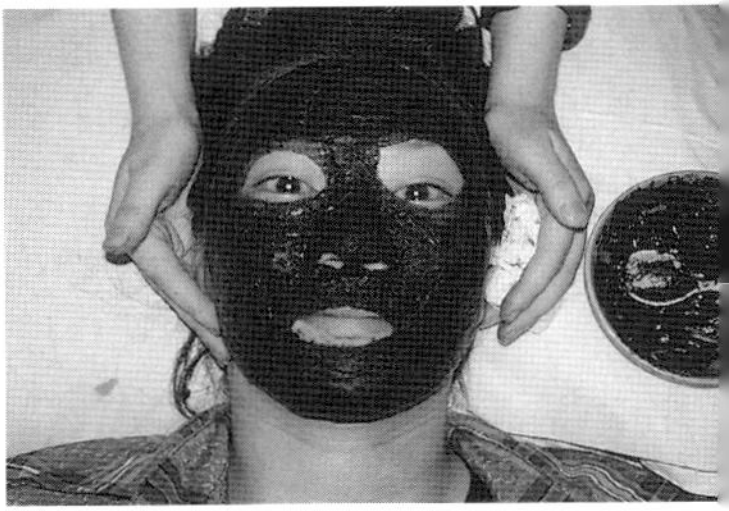

Keiちゃん 鏡みて 大爆笑。うわーっ 笑う〜〜。でも パックをとると シーットリ。スゴイッ!

あやしい。まるで カメみたい。

ゲラゲラ
Hello!!

笑わずに やってくれた チョンさんは エライッ

に時間が過ぎる。ヨモギを拭き取って、顔を洗います。「うっそぉーっ」と思わず声が出ちゃうほど、しっとり。高級エステに行った後の感触とまったく変わらない。洗顔の後は、いつも使っている化粧水、乳液で整えて終了。なんかウットリ。これ、日本でも一人でやってみましたが、材料は少々固めに作って、サランラップでパックするのがコツ。材料が液だれしないし、本当によく浸透します。一人でやってもいいけど、二人、または何人かで、やったりやられたりするのが楽しいかも。

ビニールのパックで中身が見える。天然素材だもの。そのものの色が見られるの。「わあ〜っ。」きれいなミドリ。

ソウルのエステサロンでも、天然素材のパックをよくするけど、ホームエステでもそれに近い体験ができる。小じわ、シミ、ソバカスには杏仁《アンニン》。荒れた肌、シミ、ソバカスには、はと麦。チョンさんにやってもらった海藻パックは、アミノ酸やミネラルが荒れた肌に栄養を与えてくれる。いろいろな天然素材に、さらに天然の素材を合わせてパックを作る。どこのお家にもあるような材料でできるので、本当におすすめ。お肌の弱い人は、念のために、腕などでパッチテストをしてから使おう。

天然素材早見表

100% 天然素材のパックは 手描きのハングルなので参考にしてネ。

名前	ハングル文字	効能	パックの作り方
杏仁 サルクシッ	살구씨	荒れた肌、小ジワ シミ、そばかす	杏仁 小さじ1 卵黄 1つ はちみつ 少々
はとむぎ ユルム	율무	新陳代謝UP シミ、そばかす 美白効果	はとむぎ小さじ1 温かいMILK はちみつ 少々
緑豆 ノクトゥ	녹두	保湿効果 洗浄力が高い	MILK or お湯とまぜてパックに 小麦と小豆粉とまぜて洗顔
昆布 タシマ	다시마	炎症を鎮める 脂症の肌に	温かいMILK＋小麦粉とまぜて 顔パック
よもぎ ズック	쑥	抗菌、にきび 血行促進 日焼けの鎮静	小麦粉 or 海草をまぜて 顔パック
栗の皮 ニュルピ	율피	脂性に。解毒 収れん。皮フに 弾力を与える。	温かいヨーグルト 又は MILK ＋小麦粉 はちみつ 少々
海草 ヘチョ	해조	荒れた肌に 栄養を与える	他のパック素材にまぜて使う。
緑茶 ノクチャ	녹차	収れん、保湿 口中清浄、洗顔の仕上げに	海草、MILKと混ぜる。

緑茶は 美白.シミにもよい。オフロに入れてもよい。

チョン・ウンスクのアドバイス⑦

ONE POINT ADVICE

　前ページの天然素材早見表を補足する意味で、肌のタイプ別パックの方法について説明しましょう。
「脂性肌」○ニュルピ（栗の皮）小さじ１＋卵白（なければヨーグルトか小麦粉）○サルクシッ（杏仁の種）小さじ１＋ヘチョ（海草）小さじ１／２、水少量○タシマ（昆布）＋ぬるい牛乳＋小麦粉○スック（よもぎ）小さじ１＋キュウリ１／２個の汁＋ハチミツ小さじ１　「乾燥肌」○パッ（あずき）小さじ１＋ハチミツ１／２＋卵白○ノクトゥ（緑豆）小さじ１＋ヨーグルト小さじ２＋小麦粉○サルクシッ（杏仁の種）小さじ１＋卵黄＋ハチミツ　「しみ、そばかす」○サルクシッ（杏仁の種）小さじ１＋ユルム（はとむぎ）小さじ１＋はちみつ小さじ１＋水　「老化、こじわ、乾燥肌」○ヘチョ（海草）小さじ１＋牛乳適量　「老化、しみ、乾燥肌」○サルクシッ（杏仁の種）小さじ１＋卵白　「にきび」○スック（よもぎ）小さじ１＋ヘチョ（海草）小さじ１／２＋水○麦飯石小さじ２＋牛乳１／２カップ＋小麦粉少量
　パック中に笑いっぱなしだったケイちゃんは、ホームエステ教室の問題児（笑）でしたが、みなさんはもっと良い子にパックしてくださいね。

5
菜食健美な韓国料理

石焼き釜飯
トルソッジョンシク
♪アッツアツ〜〜のホッカホカだよぉ♪

韓国野菜のおいしい食べ方

ヘルシー釜飯定食

ここは、チョンさんおすすめの韓国の石焼き釜飯定食の店。ダイエットしよう！　きれいになろう！　と、美味しそうな牛カルビを横目に、お野菜や、鶏肉中心の食事を続ける私たちですが、ここは、まさに打ってつけ。熱々の石焼き鍋に、栗、ナツメ、しいたけ、銀杏、おマメさん類がななんと、十三種類も入った、もちもちっと

✧食べ方✧
ホッカホカの石鍋から別の器に移しましょう。うわあ。おこげの香りがこうばしい。食欲をそそられます。
✧スンニュン ーおこげスープー
石鍋に残ったおこげに小豆のお湯を注ぎましょう。
ジュワ〜〜ッ
石鍋の音
移し終えて、石鍋に残ったおこげの香ばしいこと!!
早く食べたあ〜い!。

した釜飯。野菜中心のつきだしが二十皿以上。すごくバラエティに富んだこのお料理が一人前八千ウォンというのだから、ケイちゃん思わず雄叫び！　日本で食べたらいくらになるんだろう？　とひとつひとつのお料理をつっつきながら思うのでありました。

　つき出しは、ナムルを中心に野菜のみずみずしさを生かした料理法。ホバク（韓国版ズッキーニ）の天ぷらは、何回もおかわりしちゃった。薄〜い衣カリカリ、中ジューシー。

　メインの石焼きは、お玉で他の

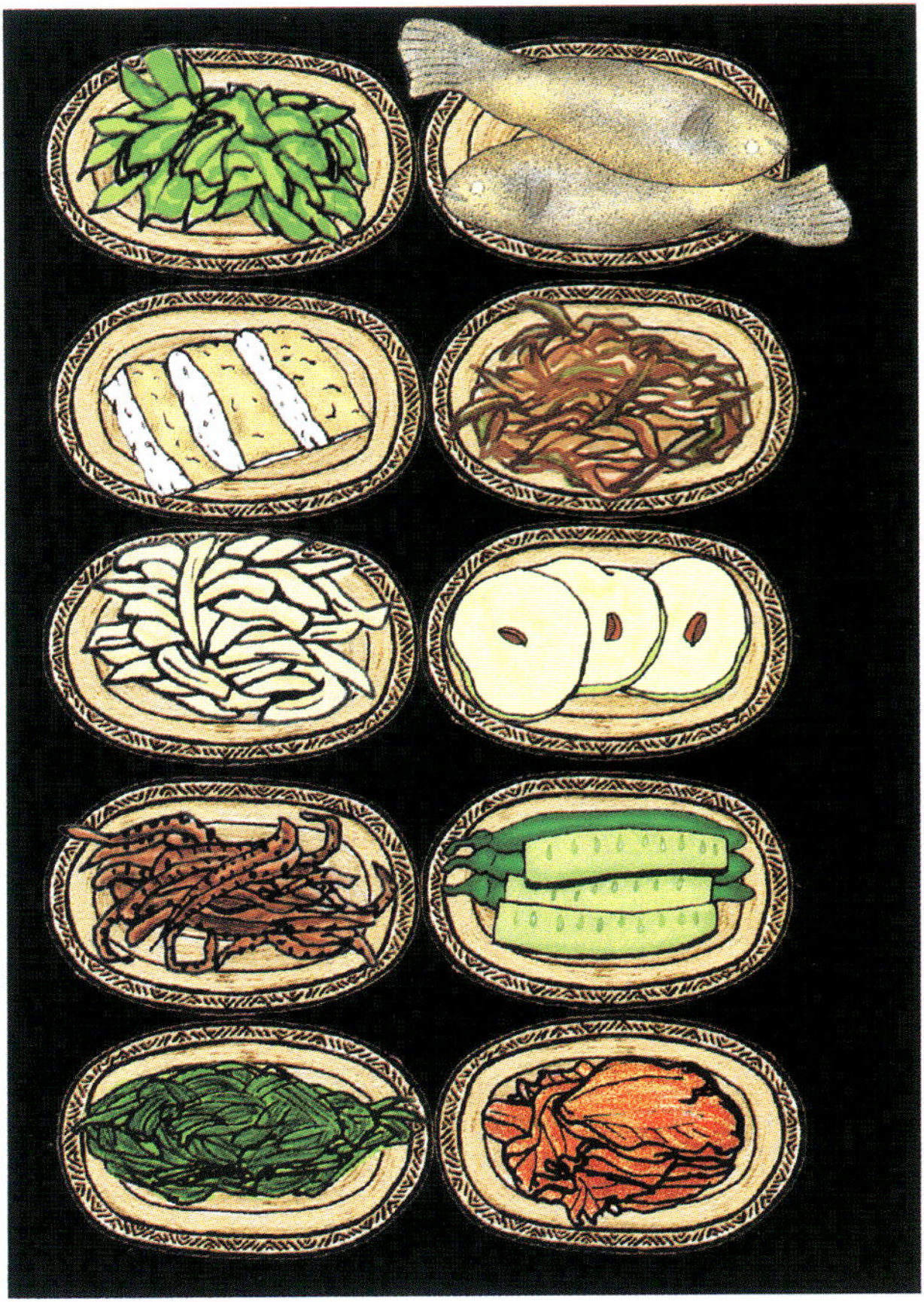

20種類もの小皿にア然！口をポカンと開けてしまった。

✣ まんなかの お鍋は テンジャンチゲ。韓国の、みそ汁。
テーブルいっぱいに並んだおかずは 味にアクセントの
強弱があって、ちょっとずつ 味見をするのがとても楽しい。
なんと！ ✣ 本書を持参した人には、自家製の薬酒を一杯
無料サービスしてくれるんだって！

器に移します。底に残ったおこげに小豆の煮汁を注ぐと、石鍋がジュジュッと音をたてる。とりあえず、おこげは置いといて、釜飯を口に頬ばると、ホワーンと釜飯の香ばしさが。そして、つきだしにも手を伸ばしましょう。少しずつ食べて、美味しい！　と思ったら、お店の主を呼んで、お代わり（一部をのぞいて無料）を頼もう。

そして、さっき置いておいたおコゲ。小豆の湯でふやけたおこげのスープのできあがり。鍋の底のおこげをスプーンでこそいで食べましょう。

「トブロハムゲ」鍾路区明倫４街39　Tel 747-3685
☞「더불어 함께」종로구 명륜4가 39

チョン・ウンスクのアドバイス⑧

ONE POINT ADVICE

キムチと並んで、韓国料理のもう一方の主役といえるのが、ナムル。ゆでたり、いためたりした野菜、山菜に塩、しょう油、コチュジャンなどで基本の味付けをして、さらにごま油、にんにく、ネギなどを加えたお総菜です。コンナムル（コン＝豆もやし）のように、素材＋ナムルで呼ばれています。

韓国では、食堂で料理を一品頼めば、いつでも二品くらいのナムルがキムチとともに供されるのがふつうです。とりわけ春は、どこの食堂に行ってもすがすがしく香るナムルと出会えるでしょう。

冬の終わりや春先にソウルにいらしたら、ぜひ京東市場を訪ねてみてください。トルナムル（万年草）、ネンイ（ナズナ）、スック（よもぎ）など、江原道や京畿道の田舎から集められた山野草が、山盛りになって商われ、独特な香気を放っています。まさに韓国の“春の息吹”が感じられるところです。

コサリ（わらび）、トラジ（キキョウ）、チ（菊）、ボソッ（しいたけ）…。低カロリーで、ミネラル、ビタミンを豊富に含むナムルは、美容と健康の強い味方。便秘に悩む日本の女性から、「韓国に来るとお腹の調子が良くなる」という話をよく聞きますが、これもナムルが一役買っているかもしれません。

SM VEGETARIAN HOUSE
SM VEGETARIAN HOUSE

SM 채식뷔페
I'm Vegetarian.
お店の中は白で統一されています。
メルヘンチックでお花がきれい。まるでイタリアのカフェレストランみたいな外観。
男の人同士だと少々入りにくいかな。
チョンさんもKeiちゃんもルンルン気分で入ってゆきました。

お肉を食べた気になる 菜食バイキング

菜食専門のバイキングレストランにやってきました。一人一万ウォンで食べ放題。一見、お肉のように見えても、中身はほとんど大豆や、緑豆、小麦といった自然食材。チョンさんのお皿は、野菜らしい野菜が中心。一方、ダイエットという言葉に脅迫《きょうはく》されてるケイちゃんのお皿は、その反動でお肉もどきばっかり（笑）。

SM VEGETARIAN HOUSE

トンカツもどき
お肉は大豆や豆からできています。本物のトンカツみたい
八宝菜の様
ズッキーニ、ニンジンなど
「緑豆のゼリー」
お豆腐
漢方素材が入ってるのでヘルシー
まん中はソース

セロリの中華風炒め
きのこ、ブロッコリー、ズッキーニetc
お豆腐
酢豚もどき
トマトソース煮野菜
・ジャガイモ
・グリーンピース
・マッシュルーム
大豆で作った肉もどき

「ＳＭ菜食ビュッフェ」江南区浦二洞229-10　Tel 576-9637

☞「SM채식부페」 강남구 포이동 229-10

✧韓国の葉っぱ色々✧

他のおかずをこれに
包んで食べる。

✧水キムチ✧

夏の朝が似合いそうなさわやかさ

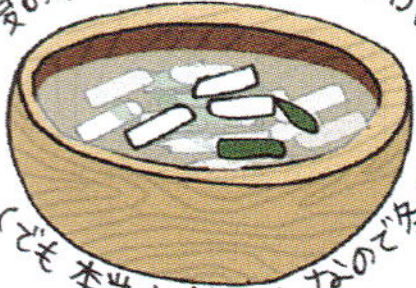

(でも本当はダイコンなので冬のもの)

✧トンナムル✧

✧チナムル✧

どちらも
山野草
の
ナムル

✧Keiちゃんセレクト✧

私のハートを射止めたのは意外にもパン&生クリーム。そして自家製のジャム。こんな美味しいパン食べたことない。外はカリッとしていて中はシットリ、モチモチッとしてる。ダイエット中の身に生クリームの上品な甘さは、砂漠の中のオアシスね。

✧トンナムルはとても人気があって、
私たちがお店にいる間に、
なくなってしまいました✧

✧ちんげんさい✧

さて、お料理。まずトンカツ風。ムムム？　駄菓子屋《だがしや》さんで売ってるカツのお菓子みたいな感じ。これが大豆でできてるなんて…。悲しいやらうれしいやら。そして、酢豚《すぶた》風のお肉も豆。八宝菜《はっぽうさい》風に入ってる鳥肉みたいなものも豆。

チョンさんセレクト

黒豆ちゃん　日本の煮豆と同じ味

どんぐりのゼリー

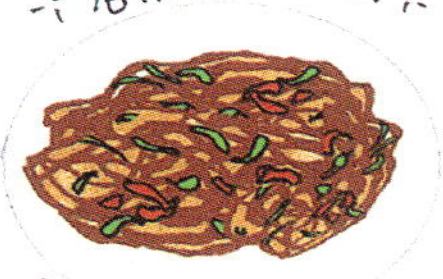

春雨の炒めもの
チャプチェ…韓国の代表的な家庭料理

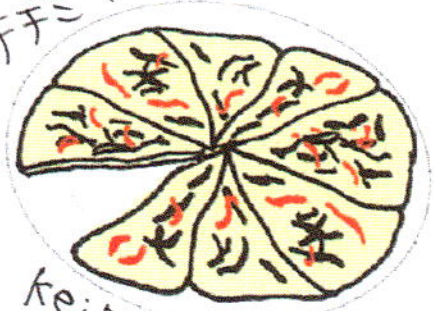

チヂミ
Keiちゃん 大好物

韓国風のり巻き
キムパプ
卵焼きやレタスなど巻いてある
ごはんと韓国のりだけ。これウマイ

んもぉ〜〜っ!!
モチモチのふわふわ
NO1
小麦そのものの色
韓国のパンがこんなにウマイとは知らなかった。
生クリーム＆Jamをつけて食べる。ウマイッ
全く卵を使ってないというから不思議です。ほんのり甘い生クリームは規制の多いダイエッターの心を癒してくれるのです。

味が淡白なので、本物のお肉とのちがいは歴然だけど、目は満足。

それにしても、どれもあっさりしてる。油ちょ〜だい！　って言いたくなっちゃうけど、味はいい。特に野菜のナムルは絶品。良質のゴマ油使ってるのね。オーナーに料理の秘密を聞いてみた。このオーナーちょっとカッコイイ。立ち姿もモデルさんのよう。パンは卵すら使ってないのに、なんでこんなにおいしいの？　するとオーナーは、

「愛が入ってるから」

なんとも爽《さわ》やかな一言でした。

愛
✢生活韓服が
お似合いの、
オーナー。
モデル立ちで
リリしい。
「料理には
愛情を込めて
いるんだ」
とのこと。
✢漢方配合の
トロミのある
スープ
Soup
体にやさしいョ
✢ゴマ
✢カボチャ
すごく健康的なお料理で幸わせ。
でも、その反動で"JUNK FOODがナツカシイ。
もち米、ナツメ
シナモン etc
10種類もの
の漢方が
入ってるの。
仏教を
象徴する
蓮が
入ってるとか。
✢レジにいた女性
オーナーの奥さんかな。
「どこから来たの？」と
日本語で話しかけて
くれました。

見た目は「?」味は「!」
ヘジャンクッ

二日酔いの妙薬としてよく知られているヘジャンクッ。スープの中の赤茶の固まりは牛の血の煮こごりなんだって。辛さもちょうどイイみたい。ウマイ！ しかし、見た目がつらかった。穴がポコポコあいて、高級チーズのような風貌。薄目を開けて食べました（笑）。味はレバーみたい。不思議な食感。ボソボソしてるような、プリプリしてるような。レバーのしっとりやわらか版かな？ ここのお店はテラス風。テーブルはドラム缶に鉄板を乗せたもの。サウナにもよくあるプラスチックのイスは色とりどりなの。眞露《ジンロ》やペプシの箱が乱雑に並べてあるのだけれど、色合いがきれい。とってもお洒落な町にあるお店なのに、なんだかココだけ大型屋台という感じ。基本的には焼き肉屋さんなんだけど、ランチタイムにはスープものを出してる。あっ、でも昼間から焼き肉&眞露のカップルも！ う〜む、韓国の恋人たち、恐るべし。

ヘジャンクッ

✧二日酔いの妙薬✧

CHEESEみたいに、みえる。

の血の煮こごりが入ってる。

✧表面の色があやしい! そして不思議な食感。レバーのような味と香りと舌ざわり。

食べなきゃわからない、プリプリ感。

味は絶品デス!

見ためがグロいので見つめずに食べよう。

PINK色

韓国風お赤飯

✧キムチはびっくりしちゃうほど鮮かなオレンジ色でした✧

この全体の色合い、とても好き。さり気なくお洒落✧

PEPSIの箱とJINROの箱がカワイイ。ナントビン4本で上の箱を支えてるのもある。。

ドラム缶がよみがえった図→ 目の覚めるオレンジ色に塗られてる。BIUEのイスがミスマッチでカワイイ このスタイル けっこう見かける。。

牛肉禁止でも豚肉があるさ
くるりん豚肉の葉っぱ巻き

ダイエットしてキレイになるんだものね。と、今回の旅は牛焼き肉禁止！　でも、ビタミンB1豊富な豚肉ならいいよね！　豚肉のコラーゲンは肌に潤いを与えてくれる、女性にもってこいの食べ物ですもの。くるりと野菜のハッパに包んで食べるのが韓国流。肉より先に、これでもかっていうくらいのお野菜が。ムム…これタンポポの葉っぱじゃない？　チョンさん曰く、ここの野菜は本当に身体にイイものばかりよ！　登場したお肉に目がテン。だってカールしてるんだもの。クルリンと。ジュージュー焼いて油がたらたら落ちてゆく。ここまで焼いたら固くなると思うほど焼いてみたけど、ジューシーでやわらかい。いくらでもいけます。びくびくしながら、タンポポの葉っぱで巻いて食べたけど、これはハンパじゃなく葉っぱが苦い。サンチュや他の葉っぱは大丈夫だけど、これだけは薬だと思ってたべなきゃ。

ブタ肉
くるくるカール
こおったままの肉をカンナで削った!?
すっごーーい カール
くるくる
カール
つけダレに
ポイポイーッと
放りこむ
ポイ
ポイ
解凍して
焼きましょう
このブタ肉カールって
トランプのキングの髪型
を思わせる。
ジュー
ジュー
こんなにたくさんのヤサイ。
くるりとつつんで召し上がれ

牛肉禁止でもお刺身があるさ
ヒラメてんこ盛り

韓国でお刺身を食べるってことは、コース料理を食べるってことなのね。ヒラメを頼んだら、バターコーン、サンマの塩焼き、ナマコ、サラダなどなど、つきだしが次々と出てくる。これをつまみに一杯やってるうちに主役のヒラメ登場！ ヒラメなんて日本では贅沢品。でもソウルなら一匹丸ごとのお造りが二万〜三万ウォン、しかも「えんがわ」付き。「えんがわ」なんて、お寿司屋さんでも、奮発して二巻ってとこ(笑)。お刺身は、ニンニクや韓国みそを加え、サンチュで巻いて頬張るのが韓国風。もちろん、韓国の醤油にそのままつけて、ワサビで食べてもいい。白身魚は高タンパク、低脂肪、エンガワにはコラーゲンたっぷりで、ダイエットの強い味方。でも、コース料理はまだ終わってない。残ったヒラメのアラで、激辛鍋メウンタンのお出まし。これがダシがきいててうまい！ 思わずご飯お代わりしちゃったりして…。

お魚の煮つけ
ゴロゴロ生ニンニク
ジャーン。ヒラメのお刺身。
ワカメのナムル
コーングラタン
フレッシュサラダ
← keiちゃんお気に入り
こうして クルリッ
お野菜にくるりと巻いて食べる!!
韓国風の食べ方。
にんにくを
一緒に巻く
絶品!!
お口に広がるハーモニー♪

女の子のお酒はこれに決まり！
百歳酒

お酒をあまり飲まない私でも、大ファンになってしまった、薬膳酒《やくぜんしゅ》「百歳酒《ペクセジュ》」。あっさりとした飲み口で、漢方みたいな香りがほのかにする。これが、肉、魚、野菜、なんにでもよく合う。夕方の食堂で、女の子どうしでゴハンを食べながらこれを飲んでる姿もちらほら。私たちも屋台で、これでもかっていうくらい飲んじゃったけど、翌朝の二日酔いがなかった！ これも漢方のおかげかな。

チョンさんと飲みながら、韓国式の乾杯を教わりました。最初に乾杯するのは、日本と同じだけれど、飲んでる最中に何度も乾杯をするのが韓国流。ほわぁ～んといい気分になったとき、話が盛り上がったとき、話題を切り替えるときのアクセントに…。チョンさんの乾杯のタイミングは絶妙。この習慣は日本に持ち帰ろう。あたしたち一緒に飲んでるんだもんね～っ、みたいな感覚がとってもあったかかったから。

✧アルコール度
15%

✧カンパーイ!!

✧韓国では、のんでるとちゅうに
何度も何度もカンパイする

✧色んなお料理
によく合うお酒。

✧フライドチキンにも✧

✧Wineみたいな
口あたりでとても
飲みやすいの。

✧お刺身にも✧

✧高麗人参をはじめ
とする漢方が入って
るのだ。

✧肉料理にも✧

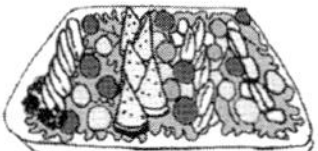

✧FRUITSにも✧

《屋台にて》
みんなものすごく飲む。

クーーーッ。酔っぱらったぁ。
あたし達いったい何本飲ん
だのかなぁ…。

仁寺洞《インサドン》、三清洞《サムチョンドン》のお茶屋さんめぐり

韓国伝統茶は〝癒し〟系

仁寺洞《インサドン》のあたりをグルグルお買い物の合間に少し休みたくなったら、ぜひ立ち寄りたいのが伝統茶屋。シナモンの香りのする冷たい水正菓《スジョンガ》は、既成のジュースに慣れちゃってる舌に、自然な甘みと清涼感を与えてくれる。仁寺洞の「チデパン」の水正菓は、シナモン、松の実、ナツメが入っていた。ニッキ飴の味がしたなぁ。のどごしに生姜《しょうが》みたいな刺激が少々。手作りだから、家庭やお店によって、味がちょっとずつちがうそう。子どもどうしで「お前んちの母ちゃんの水正菓ってウマイよなぁ」なんて、言ったりしてるのかな。

それにしても、仁寺洞のお茶屋さんのおしゃれなこと。日本

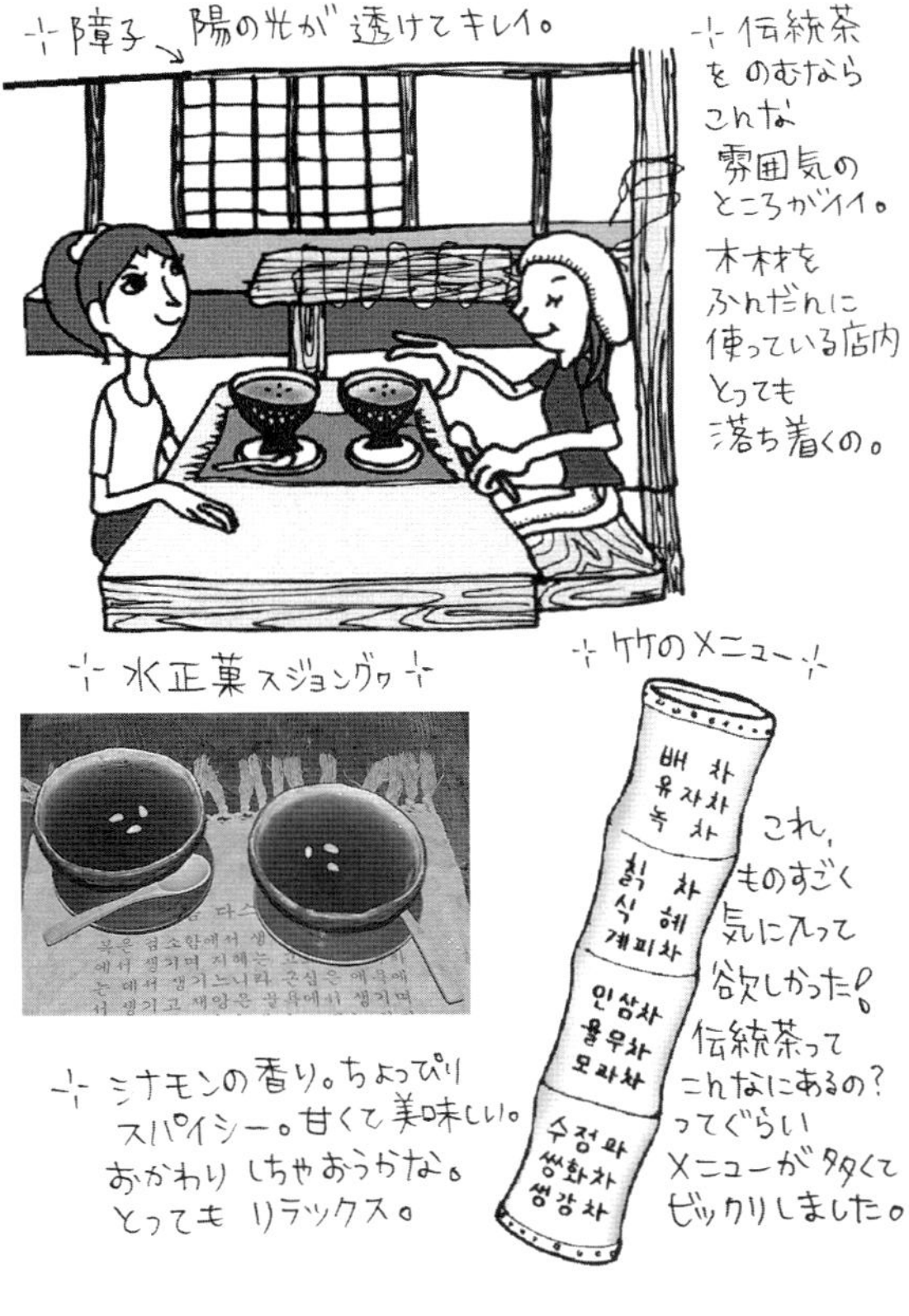

障子 陽の光が透けてキレイ。
伝統茶をのむならこんな雰囲気のところがイイ。
木材をふんだんに使っている店内とっても落ち着くの。
水正菓スジョングヮ
シナモンの香り。ちょっぴりスパイシー。甘くて美味しい。
おかわりしちゃおうかな。
とってもリラックス。
竹のメニュー
배 차
유자차
녹 차
칡 차
식 혜
계피차
인삼차
율무차
모과차
수정과
쌍화차
생강차
これ、ものすごく気に入って欲しかった!
伝統茶ってこんなにあるの?ってぐらいメニューが多くてビックリしました。

「チデパン」鍾路区寛勲洞196-6 2F　Tel 738-5379
☞「지대방」 종로구 관훈동196-6 2F

だったら、京都や奈良、鎌倉に行かないとお目にかかれないような、木や土をぜいたくに使ったお店があちこちに。木の風合いをそのまま生かしたイスやテーブル。自然のままの竹筒にメニューが書いてあったり、窓には障子戸があって外の陽射をやわらかく室内に届けてくれたり。センスの良さに驚きの連続。

　乾いた風が開いた窓からシュルルと抜けて、私たちのところにやってくる。いいなぁ…って思っていたら、小さい虫が木のテーブルのフチを歩いてた。いつもなら、追っ払ってしまうのに、なぜだか、ホゥーっと惚けて見とれちゃう。虫はテーブルの陽の当たっている角のところまで来て、ブーンってどこかへ飛んで行ってしまった。「あ」。ものの数秒のできごとが、スローモーションのように感じられるのも、きっとお店の雰囲気と伝統茶で、リラックスしていたから。

　仁寺洞から歩いて五分、景福宮《キョンボックン》の右手の三清洞《サムチョンドン》通りの奥まったところに『ソウルで二番目に美味しい店』という名前のお

サンアッタン（7種の漢方）
鹿角（ロッカク）ほら！入れてる。

鹿角は大変高級

PINKのレンガのお店
「ソウルで2番目に美味しい店」
という名前。

ショウガのサトウ菓子
₩4500
全大補湯
カゴの中にプロペラのような羽が3コあるのだ。カゴ全体をぐるりんと360°まわる～
みーっけたっ!!
オモシロイッ
体があたたまる
みてみて。360°涼しい扇風機だよ～ん。
ショウガ湯
甘くて飲みやすい。
風邪に効く。

「ソウルで二番目に美味しい店」鍾路区三清洞28-21　Tel 734-5302
☞「서울서 둘째로 잘하는 집」 종로구 삼청동 28-21

茶屋さん発見。いつの日か、「あそこのお茶がいちばん美味しいねっ」て言われるようにと、付けられた名前なんだって。ここでは、七種類の漢方が配合されたサンファタンに鹿の角を加えた「鹿角大補湯《ノッカクテボタン》」。そのサンファタンに、さらに三種の漢方を加えた「十全大補湯《シプジョンテボタン》」そして、ケイちゃんの大好きな「生姜《センガン》湯《タン》」の三つを注文。お茶の登場までの時間は、ゆっくり話をして待ちましょう。店内には漢方の優しい甘い香りが漂っていて、すご～くリラックスできる。出てきたお茶の器の隣に、なにやらゼラチン質のものが…。これが鹿の角の煮こごりなんだって。

これを目の前で入れてくれる。ちょっと苦いけど、チョンさんは美味しそうに飲んでます。いっしょに出てきた乾燥生姜の砂糖漬けを口にしながら飲むと、ぐっと飲みやすくなる。そして、生姜湯。甘くて、ほどよい生姜の刺激。身体がポカポカあたたまる。のどもすっきり。韓国でも風邪のときに飲むんだとか。市販の生姜湯と比べ、生姜本来の力を強く実感できます。

チョン・ウンスクのアドバイス⑨

ONE POINT ADVICE

ここでは、伝統茶の効能について説明します。みなさんの体調や目的に合わせて、お茶選びを楽しんでみてください。いずれも、京東市場やデパートのお茶売場で、買うことができます。

○カムニプ茶（柿の葉茶）　ビタミンC、カルシウム、繊維が豊富で、ダイエット効果あり。続けて飲めば、慢性便秘にも効く。

○ユルム茶（はとむぎ茶）　タンパク質が豊富。脾臓や胃を整え、便秘を解消する。しみ、そばかすをなくす美白効果もある。

○スック茶（よもぎ茶）　ビタミンA、C、無機質を多く含み、皮膚美容と肥満防止に。生理痛、腹痛、腰痛にも。続けて飲めば、ダイエット効果も。

○トゥチュ茶（杜仲茶）　無機質が皮下脂肪の蓄積を防ぎ、肥満を防止。

○オミジャ茶（五味子茶）　リンゴ酸と酒石《しゅせき》酸がコレステロールを下げる。大脳に作用しストレス解消。

○クギジャ茶　空腹感が抑えられ、熟睡できる。

○ユジャ茶（柚茶）　レモンの3倍のビタミンC含有。皮膚に美白と弾力をもたらす。疲労回復にも。

○テチュ茶（ナツメ茶）　皮膚の老化の防止。

○モグァ茶（花梨茶）　消化促進、皮膚につやを。

おからのチゲ
―スントゥブ―
キュウリのナムル
えごまの葉の合え物
モヤシのナムル

鮮紅色の韓国料理に白一点！

豆腐料理

七十年代の大衆食堂みたいなお店から、お豆腐を料理してるイイ匂い。まずは、熱々の湯気ボゥボゥのおからのお鍋。土鍋でグツグツ煮たててある。これぞ、お豆腐！　って香り。おからって繊維質＆ミネラルが豊富なんだよね。上品な塩味のスープもマル。お豆腐ならお腹一杯食べてもいいよね、コレステロールを下げるんだ

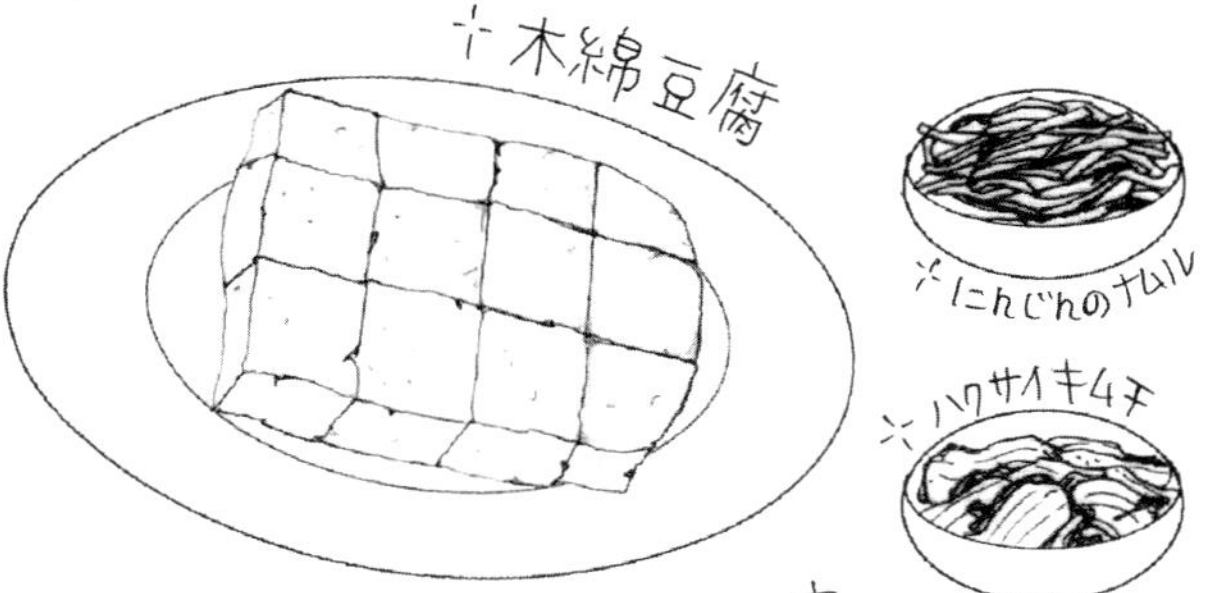
木綿豆腐
にんじんのナムル
ハクサイキムチ

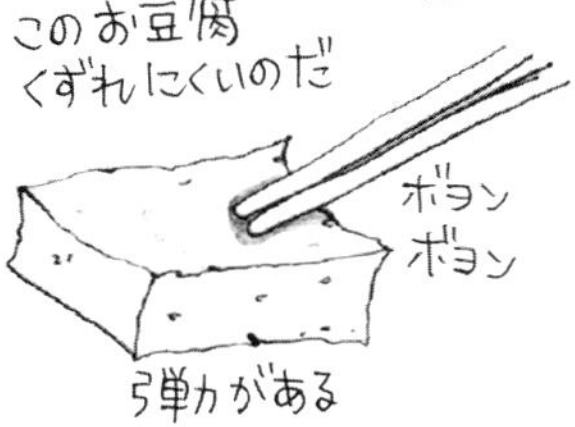
このお豆腐
くずれにくいのだ
ボヨン
ボヨン
弾力がある

もんねって言いながら、本命の木綿豆腐を追加！　写真撮ってもいいですか？　って聞いたら、お店のおばちゃん、「もっときれいなのを持ってきてあげる」だって（笑）。ここの豆腐は角が丸かったりするところが、かえって手作りという感じがしていい。素材を混ぜ合わせて作るものが多い韓国の料理だけど、これはシンプル。醬油もあるけど、ストレートで食べるとお豆腐本来の味がして乙《オツ》。噛めば噛むほど味が出てくる。お豆腐が大豆からできているってことを、あらためて実感！

「土俗チプ」鍾路区新營洞10-15　Tel 379-1732
☞「토속집」 종로구 신영동10-15

高麗人参
どーっさり
ずたブクロに
入って売ってる。

百年草の粉末
ジュース。

天然素材の
粉がいっぱい
計り売りして
くれる。
百年草の粉を
GET!!

オイシイ!!

チョンさん、教えて…
これ、なんの肉？

野菜や漢方素材で有名な京東市場を探検。さまざまな食材を横目に、「日本で買ったら、いくらするかなぁ～」なんて考えながら歩いていたら、ある店に視線釘付け。牛の足、豚の足、鳥の足。足ば～っか売ってる。牛もブタも足でかいんだね。ほかにも、見たことあるような足発見。ワンワン。大ショック！　聞けばやっぱり、この

ウマイよ ニンニク
ニンニクは いかが〜!?
地べたに座って売っている。
本気でニンニク欲しかったあ。
₩1000で小さいカゴにひと山ぐらい。

赤唐辛し
青唐辛し
とてもBIGサイズで
顔ぐらいあるよ。
生のものも 乾そうしたものも あるのだ。

足はワンワンのもの。チョンさんも嫌がってるぅ。ふぇ〜ん。泣きたい。超ブルー。最近こんなにブルーになったことないかも。空はど〜んよりしていて今にも雨が降ってきそう。気を取り直して夕飯を食べに行くことに。タクシーの中でチョンさんなぜか無口。二人とも無口。あんなにおしゃべりな二人なのに。雨が降りだした頃、料亭に到着。中庭を囲うようにお座敷があり、高級そう。しかし、ブルーなケイちゃん、市場で初めて見たもののせいで過敏になってる。お座敷に上がって、まわりを

このところてん長いね〜〜。
キョンさーんっ
チョンさーんっ
ねー。何これ。
何の足ー!?
ニワトリの
すっぽんぽん
を見た。。
そして笑う
ブタさんの頭。
keiちゃん Blue。

見回す。なぜか、おじさんばっかりなんだよなぁ。さっきから不思議なニオイがしてる。お料理？　それとも、おじさん臭？「ねぇねぇチョンさん、ここ何の店？」「ここはすごく高級店なの。済州島《さいしゅうとう》で人の糞《ふん》を食べて育った豚のお肉なんだよ」人の糞を食べて？　臭くないの？　テーブルに蒸したお肉登場。一口目「？」豚肉大好きなのに、なぜか美味しくない。もう一口「？？」ムム、なんで食べられないの？　さらに一口「！」やっぱダメだー。自分に食べられない豚があるなんて大ショック！

ブルーなことって重なるんだなぁ。あれっ、チョンさんのハシも進んでいない。肉はプルプルのゼラチン質が多い。しかも筋ばってるし、歯につまるし。「チョンさん、これ本当に豚?」「豚だよ」う〜む、隣のおじさん軍団も怪しい。がっつくように食べてるんだもん。なんで食べられるの? 楊子《ようじ》をくわえながら考えること五分(笑)。「これ、もしかして犬?」チョンさん、ついに白状。やられた! 近所の番犬の顔が目に浮かぶ。韓国では、土用《どよう》のウナギみたいな感覚で男の人が食べるらしい。

「サリチプ」鍾路区旧基洞67-11　Tel 379-9911
☞「싸리집」종로구 구기동 67-11

なにかにおびえるKeiちゃん。。

んーっ!?

なんだかかめない。
なにかが変。
う〜〜ん。

どうりで、おじさんばっかりなんだ。でも、日本人だって馬の肉食べるもんね。韓国人は「馬食べるなんて野蛮!」って思うんだって。おたがいさまなのね。あぁ、この前歯につまってる肉が、はじめて犬だと気づいたワン(笑)。

プルプルしてるところとスジのところとあるよ!!

ねえ
チョンさんこれ
本当にブタなの?

ブタだよ♥

エゴマをこまかくひいたもの
と 粗くひいたもの

すりおろした、ショウガと
にんにくを 加えて
カラシ・コチュジャン・唐辛し
で 食べる。
よく混ぜて。

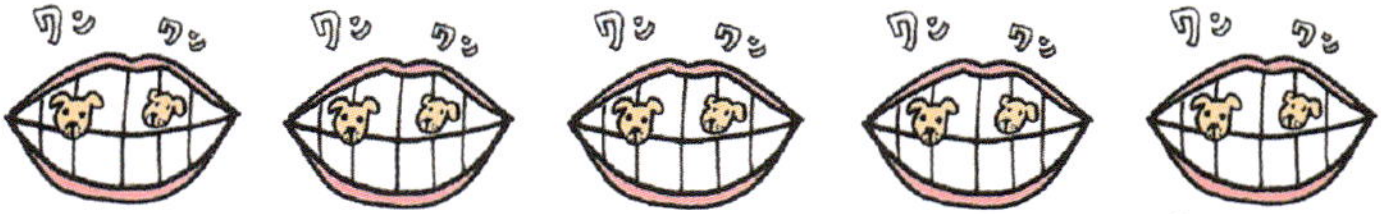
ワン ワン
ワン ワン
ワン ワン
ワン ワン
ワン ワン

ほんとはブタじゃないんでしょ!!
ジャガイモでできてる
楊子
すきとおってキレイ
この楊子は高級!!

でも明日には肌がツルツルになってるんだそう。最後にお店の女主人と記念撮影。顔を近付けて撮ったら、赤ちゃんみたいにホッペがツルツル！ とってもブルーだったけど、これが何よりの慰めになりました。

犬だモン:
韓国では犬はモンモンってなくんだよ!!
エ〜〜!?
この歯につまっているものが、はじめて犬だと気づいた…
ワンッ!。
なぜだ!? 偶然犬のマーク入りのTシャツを着ているKeiちゃん…
CHANDLER
PUPPIES

スリスリ
スリスリ
美容により
ほんとうにツヤツヤの肌
私たちも明日の朝の肌がちがうらしい♥

韓国野菜の鮮やかな色でお目覚め！

ナムルビビンパ

オレンジ、グリーン、イエロー、ホワイト…。ナムルビビンパは、色とりどりのヘルシー野菜がきれい。本当に目が覚めるような色合いです。起き抜けにこれを食べました。まぶたの重い朝でしたが、実に爽快。朝ご飯に「起きろっ！」って言われた感じ。熱々ご飯に、ドサーーーーーーーッとお野菜が盛られてる。パリパリのレタス、豆モヤシのナムル、にんじん、きゅうり、海苔《のり》がたっぷり。あんまりきれいだから、食べないで見ていたい気分だけど、香りの誘惑には勝てない。赤くなるまでグリグリ混ぜる。混ぜ倒す。一口目、辛〜！　っと思ったら、これ、クセになりそう。白いものはイカかと思ったら、コンニャクだった。ケイちゃんも、なんでも混ぜて食べる韓国料理の醍醐味《だいごみ》が、少しわかってきたみたい。目で食べ、鼻で食べ、口で食べるナムルビビンパは、食べる目覚まし時計なのだ。

ナムルビビンパ

野菜のビビンパだよ。

目が覚める様なあざやかさ。ちなみにこれ、朝ごはん。

- モやし
- キムチ
- レタス
- にんじん
- ナムル
- 白いこんにゃく
（イカかと思った）
- 韓国のり
- ごはん

朝から
SALAD感覚
でモリモリ
いける。

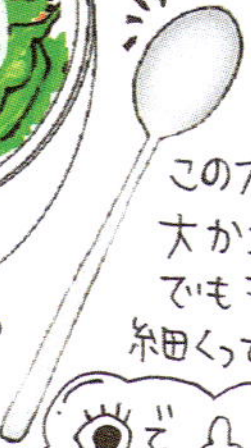

このスプーンが
大かつやくなのだ。
でも持つところが
細くって少々痛い。

ごま油の
香りが…
たまらない

で　で　で…
召しあがれ

出来上り♪

早く食べたくて……。
気合いで混ぜてた。
グリグリ グリグリと
混ぜ倒す!!

真赤になるまでマゼマゼ。
全ての素材が味のハーモニーを奏でる♪

手前が鹿角人参ソルロンタン。右上がトガニタン ₩8000.
左上がふつうのソルロンタン ₩5000。

牛肉禁止でもスープならいいよねっ！
ソルロンタン特別編

ソルロンタンのスペシャル・バージョンを二品チェック。ひとつは、高麗人参と鹿の角入り。もうひとつは、滋養が高い牛の膝《ひざ》関節の軟骨入り。スープは淡白なのにコクがあって、後引くうまさ。辛いもの続きの胃にも優しい。スープの底を探ったら、やわらかいすね肉を大量に発見！　牛焼き肉禁止の私たちには、最高の贈り物。

牛さん丸ごと一匹煮込んだスープですって。やっぱり牛がお風呂に入る図を想像してしまうな。プププ
吉野家の牛どんの紅ショウガのようにネギ食べ放題。
お塩も好みで入れましょう。
ネギ
宝探し
ウマイ肉を探せ
宝探しのように肉を探すkeiちゃんなのだ。
チョンさんはごはんを入れて食べていた!!
これにはオドロイタ。石鍋に沈んでるお肉のやわらかくてウマイこと。おそろしい位ウマイのだ。
お肉はこの付ダレにつけて食べる。タレは日本人好み。しょっぱい。

「新村ソルロンタン」江南区駅三洞681-35　Tel 554-8880

☞「신촌설렁탕」 강남구 역삼동 681-35

美味しいものは路地裏にあった！

市場のまかない食堂で、超・参鶏湯《サムゲタン》体験

ホテルの空気が乾燥していたせいで、ちょっと風邪気味。食欲がないなぁと思ったときに、チョンさんがすすめてくれたのが参鶏湯。明洞《ミヨンドン》あたりの有名店に連れていってくれるのかなぁ、と思ったら、ここは南大門市場《ナムデムンシジヤン》の路地裏、市場で働く人たちのまかない食堂といった風情。壁の上のほうにテレビがあって、古めかしい扇風機が回ってる。そして、出てきた土鍋の中には、おなかに高麗人参、栗、ナツメ、もち米をたっぷり詰め込んだひな鶏、まるごと一羽。白いスープには、たくさんのニンニクが溶けていて、なんともイイ香り。鶏さん、入浴中失礼します、とスプーンを入れると、肉がほろっとくずれるほど、よく煮込まれてる。皮がないのも食べやすい。ふと気がつくと、汗をかきながら、夢中でスープをすすってた。やっぱり、ケイちゃんの辞書に食欲不振の文字はなかったのね。

にんにくの香りがサイコー
参鶏湯 サムゲタン
体がポカポカあたたまる
カクテキ
ハクサイキムチ
モチ米
高麗人参
にんにく
栗
ナツメ
土鍋で、じーっくり煮込んでいてお肉がやわらかーい。スプーンですぐほぐれてしまうの。
生のニンニク
テンジャンみそ
BIGサイズの青とうがらし
疲労回復に。keiちゃんこれで風邪が直ぐ治った。
keiちゃん
トリさん
チョンさん
《参kei湯》
サム ケイ タン
《参鶏湯》
サム ゲ タン
《参チョン湯》
サムチョンタン

「ソウル参鶏湯」中区南倉洞34-52　Tel 755-6925
☞「서울삼계탕」 중구 남창동 34-52

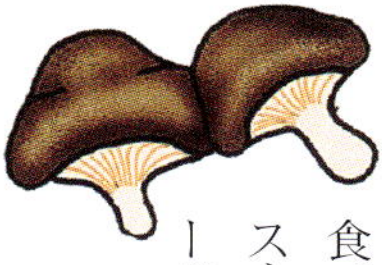

鍋に火、食べる、辛い、汗、また食べる

きのこ&うどんの激辛鍋

おしゃれな街・弘大《ホンデ》前にある、きのこ&カルクッス（手打ちうどん）の辛口鍋のお店。メニューはこれ一品のみ。掘っ建て小屋風の店舗は、なにからなにまで黄色で統一されてる。黄色は商売繁盛につながるからなんだって。まずは鍋を火にかけよう。メインのしいたけ、ピーマン、ジャガイモ、タマネギ、平たくのばした歯ごたえのある手打ちのうどん。辛そうな赤いスープ。グツグツしてきたら、ただひたすら食べる。ガツガツ。「激辛〜！」人生最高の辛さ。汗だくになりながら食べる。しかし、後を引くウマサ。だしが決め手なんだろうなぁ。辛いのは得意じゃないのに、なぜか食べたくなってしまう。辛さと平たいうどんの組み合わせが絶妙なんだなぁ。残ったスープで、炒めゴハンを作る。ビビンパみたいなどんぶり飯を、残ったスープにワサーッと入れて、炒めあげる。韓国海苔もたっぷり入って、香ばし〜い。

「GIO ボソッメウンタン＋カルクッス」麻浦区西橋洞336-12　Tel 323-1093

☞「지오버섯매운탕+칼국수」 마포구 서교동 336-12

熱気がうまい！ モツの鉄板焼き
コプチャンクイ

コプチャンクイという怪しい響きの食べ物の正体は、日本でいう「こてっちゃん」（商品名だけど…）。韓国の若者にとても人気があるんだとか。安くてうまいのが人気の秘密。チョンさんも学生時代、よくこれで飲み会をしたそうだ。内臓は見た目が苦手という人も、これは食べてみなきゃ！ 辛いタレが焦《こ》げんばかりに焼かれたモツを口に含む瞬間の「カーッ！」という熱気が、コプチャンクイの醍醐味。これを食べながら焼酎をあおって、「カーッ！」とノドを鳴らすのが韓国流。まさに火に油。脇役の野菜と春雨もいい味出してる。もう夕食は済ませてたんだけど、しっかり食べられちゃう。別腹はデザートだけだと思ってたけど、これもイケル。ウマイものは別腹なんだ。そうそう、日本で韓国家庭料理のお店をやってる、在日コリアンのおばちゃんの言葉を思い出した。「モツは野菜と同じ。たくさん食べても太らないよ」

コプチャンクイ

モツの鉄板焼。牛の大腸。
こてっちゃんといえばわかるかしら。
あと引くウマさ。辛いがウマイ

お腹いっぱいなのに
延々と食べつづけた
逸品♪

みてみて!!
チョンさんが手際
よーくシャモジを
使ってかきまぜて
くれた。いいお嫁
さんになるよ〜!!

チョンさん keiちゃんの
お料理
バンバン♪
モツの匂いが
たーっぷりと
しみこんだ
使い回しの
エプロン ☺

エプロンを貸してもらえるヨ!

ダイエット×ゴージャス＝マダム張

鳥のお粥《かゆ》・豪華版

ソウル郊外の城南《ソンナム》市に、鳥粥《とりがゆ》を食べに行きました。ここは、鳥粥専門店ばかりが二十軒も集まっている一角。共同で鳥粥専門店街を作っているから、同じような店構え。なかには、ウチが一番よ！とばかりに、オーナーの写真を大きく掲げている店もある。私たちが入ったお店は、その名も『マダム張《チャン》の店』。

☆これが
ほんとうの
看板娘。
マダム張《チャン》。

中華がゆのようなモノを想像していたら、参鶏湯みたい！
このおかゆ 味も似てる。
なにがちがうかというと、参鶏湯は、お米がおなかにつまっていて
このおかゆは 材料をいっぺんに煮込んでいる。とても にんにくが効いていてウマイ。

鶏粥と聞いて、中華粥みたいなものを想像していたら、参鶏湯に激似。栗、高麗人参、ナツメ、ネギ、ニンニク。そしてひな鳥まるごと一匹。ううっ、ダイエット食がこんなに美味しくていいのかしら？ ここで、チョンさんの優しい一面を、またもや発見。お粥を取り分けるとき、ケイちゃんの好物をちゃ〜んと覚えていてくれて、たくさん入れてくれるの。まるでお母さんみたい。

お店を出るとき、マダム張本人にも会えました。おおっ、すっぴんだけど、看板写真とおんなじだ。

これも
これも
これも
これも
これも
これも
↑みーんな鳥のおかゆのお店
通りから遠い店は不利だけどその分サービスはいいかも。(つきだしが多いとか…)

京畿道城南市壽井区丹垈洞山164-3　Tel 031-745-5700
☞「장마담집」경기도 성남시 수정구 단대동 산 164-3

チョン・ウンスクのアドバイス⑩

ONE POINT ADVICE

ケイちゃんにショックを与えてしまった犬料理ですが、けっしてイジワルをしたわけではありません。私も犬肉には抵抗があるのですが、今回の旅のテーマ「美容と健康」を考えたら、どうしてもはずせなかったのです。犬肉は牛、豚、鶏肉と比べ、カロリーと脂肪が少なく、不《ふ》飽《ほう》和《わ》脂《し》肪《ぼう》酸《さん》の割合も高いので、コレステロールの蓄積が少ないのです。また、犬肉といっしょに煮込む葉っぱも身体にいいものばかり。ニラは、食物繊維が豊富で、ビタミンC、カロチン、カリウムなどがたっぷり。エゴマの葉は、オメガ3系列の脂肪酸を含み、血圧降下、抗ガン、脳機能の向上などの効果があります。『サリチプ』のご主人や従業員の女性たちの肌が、みなピカピカだったのも、納得がいくというわけです。お客さんが男性ばかりだったのは、「犬肉を食べると精力がつく」と言われているからなんですね。これは犬料理の栄養のバランスの良さが、誇張して伝えられているせいでしょう。

「犬肉だけはちょっと…」という人には、参鶏湯をおすすめします。良質のタンパク質とコラーゲンをたっぷり含んでいるので、栄養価が高いだけでなく、皮膚の老化防止にも役立ちます。

6
ソウルっ子のおしゃれ観察

✧結婚してるカップル
年輩の男の人の
落ちつきは若い
女の子にとっても
魅力らしい。
あれ？まさか援交？
✧まじめそうな
太っちょさん
&
ビューティ
な女の子
ラヴ
✧服務中に
密会なワケないよネ…✧
軍人さんの
軍服スガタは
一人前の立派な
男の印。この軍服
も愛があればより
一段とカッコよく見える
らしい。よく見かけました。

韓国は観光名所より人間がおもしろい
ソウルの女の子、男の子図鑑

まずは、カップル。ソウルでは、でっぷりした、まじめそうな男の子（日本的に言えば、ちょっとダサめ）と、本当にキレイでおしゃれな女の子の組み合わせが目立つ。日本と比べ、恋愛でも「まじめさ」がモノを言うせいかなぁ。恰幅がいいことは、大らかなイメージにつながるらしいので、日本ほどマイナス要素ではないみたい。

ムムム‥？
なんですとぉ〜〜っ
やけに同性同士で
手を組んだり手をつな
いだりしてるのを見かける。
最初はビックリしたけど
韓国の人の間では仲良し
ならごく自然のこと。
不思議と韓国で過ご
しているとちぃとも気に
ならなくなる。

迷彩色《めいさいしょく》の軍服を着た好青年と、おしゃれな女の子のカップルも韓国ならでは。兵役中の男の子は、休暇中にデートするときや、女の子がいる集まりに行くときは、あえて軍服を着て行ったりするらしい。男らしさのアピールなのね。

韓国の女性は、とにかく美意識が高い。キレイになることにものすごくどん欲。お化粧は、最近はナチュラル志向になってきているけど、噂どおり整形美人も少なくない。二重にする手術なんかは、メイクの延長という意識みたい。夏休み明けにパッチリお目々に変身している子は、珍しくもなんともないらしい。ケイちゃんも一重まぶたで悩んだことがあるので、目が肥えている。見れば「あっ、この人」って、すぐわかっちゃう。

韓国の女性はスタイルがよい！といろんな雑誌に書かれている。その辺もよーくウォッチングしてきた。日本の女性と比べると、やけに手足が細く、肩幅が狭い。韓国女性はスタイルがよいという見方は、正面からの見たときの幅の狭さからくる印象じゃないかな。顔が大きく見えるのも、たぶん肩幅が狭いせい。足は、X脚に近く

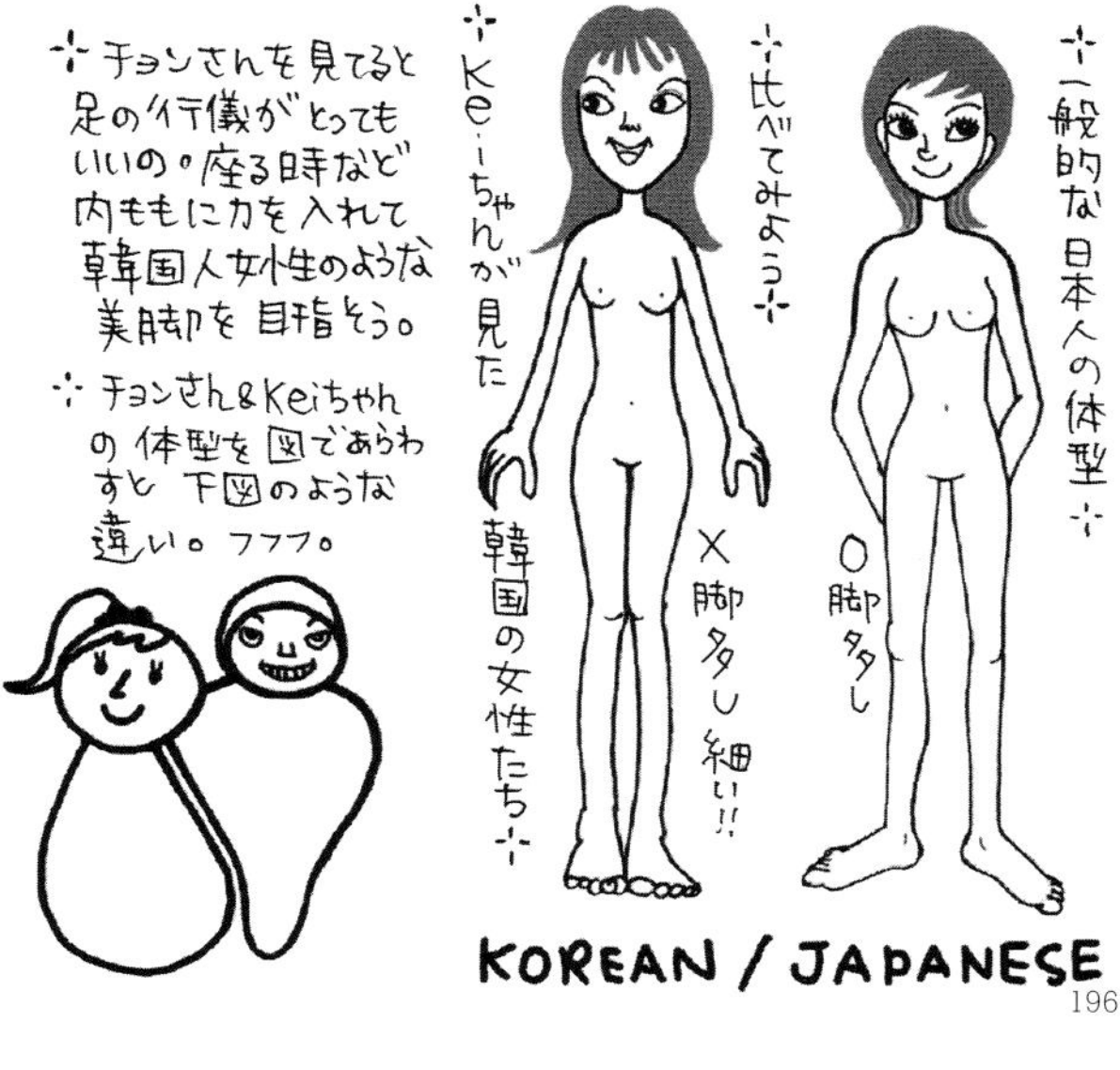

一般的な日本人の体型
O脚多し
比べてみよう
Keiちゃんが見た韓国の女性たち
X脚多し細い!!
チョンさんを見てると足の行儀がとってもいいの。座る時など内ももに力を入れて韓国人女性のような美脚を目指そう。
チョンさん&Keiちゃんの体型を図であらわすと下図のような違い。フフフ。
KOREAN / JAPANESE

てまーっすぐで細い。お風呂でよおく観察してきたんだけど、X脚の足からオシリにかけて、モモの部分は割合ぽっちゃりしている人が多い。タイトスカートの似合う体型ね。またはサブリナ、カプリパンツ系。厚みはあっても、幅が狭いので、オシリの大きさはちっとも目立たない。日本人の平均より、さらに小さそう。もうひとつの共通点は、下腹部のあたりがふっくらしてること。そう、洋梨体型が多いのだ。お風呂で気づいたことは、まだある。鏡に向かうときに、韓国女性の目は鏡に映った

街で出逢った美人さん
一本たりとも虫歯ナシ
表彰したい。
奥歯までまーーしろな歯
京東市場でにんにく屋を営むおばちゃん
入れ歯じゃないよ
スマイルと歯がとてもキレイ。
キラリ。
韓国の女性は年を重ねても、美意識が非常に高い。
ほとんどのおばさまが眉毛をきれいにととのえている。

✧食堂にて✧ おばちゃん缶をならしはじめる。
カラン カラン
COLA
COLA
✧この缶をぶらさげて、どこかへそそくさと行ってしまった。行く先はなんとカギ付トイレ。なるほどこれなら無くさない!!

なんだ？なんだ
✧信号待ちをしていたら前から2人のおばちゃんが。頭にでっかいモノを乗せてやってきた。昔はこうして物を運んだんだそうな。とても運びやすいというが…すごくカルチャーショック!!

自分の目に釘付け。ウットリしてる人もいる。ドライヤーを使うとき、ケイちゃんは、ずっと下を向いていて、仕上げのときだけヘアースタイルを整えるため鏡を見るけど、韓国女性は常に自分の顔を見つめながら、ドライヤーをかけ、ヘアースタイルを整えている人が多い。むやみに笑わないのも韓国女性の特徴。でも、笑うときは豪快でかわいい。愛想笑いはしないってことね。喜怒哀楽《きどあいらく》がきっちり四つに分かれてる。表情や態度にあいまいさがなく、メリハリがきいてるところが魅力です。

✧江南区新沙洞のサンシャインホテルの左手にBOSSはある。

✧コンセプトは悪夢。このデッカイ鎖がコンセプトの一環か。とても笑える不思議オブジェ。超デカDISCOだ。

磨きに磨いた二人の、長〜い夜
ナイトクラブ体験

韓国のナイトクラブは、ダンスよりもナンパが目玉らしい。多彩なエステと美容食で、ピカピカになった三十路《みそじ》の日韓コンビに、どれだけお声がかかるものか（笑）、実験してみました。

ナイトクラブでは、フロアで直接ナンパというのはないに等しい。やけにボーイの数が多いなぁと思ったら、ボーイが女の子と男

「BOSS」江南区新沙洞587-1 サンシャインホテル B1　Tel 518-5966
☞「BOSS디스코클럽」강남구 신사동 587-1 썬샤인호텔

の子の仲介役をつとめるのだ。あるテーブルの男の子が、あの女の子がイイ！　という。ボーイはかしこまりましたと、その女の子のところに行き、女の子がＯＫなら同席する。これをブッキングという。テーブルのフルーツを食べていると、早速ボーイが来た！「あちらのお客様がお話したいとおっしゃっています」チョンさんと行ってみると、ＶＩＰ席のような一室に男女混合の十人位の一団。そのなかで、ローリー寺西似の男の子が日本語が話せたけど、いっこうに会話は弾《はず》まず、「またねぇ〜」

客席テーブルが
ズラ〜〜リ
まじめそうな若人
おお
その動き
たまらなく
激しい。
D・D・R
できたえた
ダンス
日本人みたい
ゆれてる
お洒落な
男の子。
ダンスは
激しい。
きれいな
女の子。
韓国で
大流行！

※DDR：ダンス・ダンス・レボリューション

と、ごまかして帰ってきた。その後もブッキング依頼は殺到したが、チョンさんは「日本語の話せる人にしてください」と条件付きモードにしてくれた。優し〜い。するとボーイが日本語が喋《しゃべ》れるという人を探してきた。すごい機動力！「ケイちゃん、今度は一人で行って」優しいと思ったら、急に突き放すチョンさん（笑）。

待っていたのは、稲川淳二似、野村義男似、ダチョウ倶楽部の寺門ジモン似のおじさんトリオと二人の女の子。先にブッキングされた女の子がいるから少し安心。稲

ブッキング
ボーイが、男の子と女の子の仲介役をつとめる。「あちらの席の男性が話をしたいと言っています」とテーブルにやってくる。Yesならブッキングは成立。日本人なので日本語の話せる人がいたら ということでおことわり。
キョロキョロしてたら、ありとあらゆるテーブルでブッキングしてる。
フルーツの盛り合わせ、おいしーっ。
ボーイ
イルボンインョ

川淳二似はミュージシャンなんだそうで、長渕剛が好きだと百万回聞かされた（笑）。アルバムの曲をガンガン、ケイちゃんの耳元で歌ってくる。日本留学の経験者の寺門ジモン似も日本語モードに切り替わった。写真家らしく、マックのソフトの話で盛り上がる。稲川淳二似は長渕剛を歌い続ける。止まらぬ会話に、ケイちゃん後込《しりご》み。「友だちがいるから」と、チヨンさんを呼んできた。するとチヨンさん、ちょっぴり話して席を立っちゃった。好き嫌いはっきりし過ぎ（笑）。話はけっこうおも

しろかったけど、そろそろチョンさんのところへ帰りたいー！と思ったら稲川淳二似がとうせんぼ(笑)して帰してくれない。酔っぱらった野村義男似は、バカ殿さまのマネをして喜んでる(笑)。

その頃、チョンさんもブッキングの嵐だったらしい。でも、ある席に行ってみたら相手は十歳も年下でギャフン！「私はいいけど相手が可哀想」って言ってた(笑)。男の子に都合のいいブッキングはちょっと抵抗あるけど、最初に「ブッキングNO！」と、はっきり言っておけば楽しいディスコです。

チョン・ウンスクのアドバイス⑪

ONE POINT ADVICE

久しぶりにナイトクラブに行って、ボーイのブッキング攻勢のすさまじさに、度肝を抜かれました。時代は変わっているんだなぁ…と、あらためて年齢（笑）を感じてしまいました。

純粋にダンスを楽しみたい人は、テーブルに案内してくれるボーイに「ブッキング　アンハムニダ」（ブッキングは、けっこうです）と断っておきましょう。最近のナイトクラブは、ダンスよりもブッキングを重視しているようなので、ボーイは、ブッキングが成功するまで異性を紹介し続けるのが、最高のもてなしだと思っているのです。

日本の積極的な女の子なら、言葉が通じる韓国人男性と話がしてみたいという人もいるでしょう。その旨をボーイに告げれば、日本語がわかる人の席に連れていってくれるはずです。でも、同席したら、あいまいな態度は禁物です。気に入らないときは、（相手に悪いから…）などと考えずに、「さようなら」と、さっさと席に戻らなければなりません。ブッキングはゲーム感覚で楽しむものです。ブッキング慣れしたソウルっ子たちは、わずか30秒以内に結論を出すそうです（笑）。みなさんも、ドライに割り切って、楽しい夜を過ごしてください。

7
キレイ系グッズお持ち帰り

コンビニ：ヘルシーなものいーっぱい。
✧E5イオ✧
・カルシウム
・DHA
・ビタミンC
・ビヒダス
・ウーロン茶エキス
E-5
✧ドクターカプセル✧
りんご味の
粒入り
ヨーグルト
✧ロンコーナ✧
バナナ味
いちご味
スティックで飲みやすい
✧ソミュサグァヨーグルト
ソミュは繊維サグァ
はりんご。腸に
よさそう。
PINKのパック
3.4
우유
✧ナムヤン
3.4ウユ
いちご牛乳
✧シン：スリムウオーターというふれこみ✧
Green
Blue
씬
✧青りんご✧
✧ハーブ✧
✧松葉茶✧
頭が
スッキリ
솔의 눈
トッポッキ味の
✧プショプショ✧
ラーメン風菓子
¥350
激安！
HOWTO
グシャグシャ
砕く。
中の
粉末スープ
を
入れて
Shake!
振りまくり
✧出来上り✧
カルシウム入り

◁Gum▷ W290
昔ナツカシイ味だ。高麗人参のガムもある!!
HAITAI Coffee COFFEE
コーヒー/フルーツ
LOTTE JUICY&FRESH
なぜかリアルな柿の絵が。
✦腸エヌンGG (腸にはGG)
Maeil 腸 에는 GG probiotic
プレーン・りんご・ぶどう
3つの味
腸医学の権威であるゴルバ博士とゴルディン博士が発見した良質の乳酸菌入り。
✦ビラクジッケ✦
비락식혜
Keiちゃん大好き
✦カラマンドゥンペ✦
해태 갈아만든 배
カラマンドゥはすりおろす・ペは梨
삼육두유
✦豆乳 ちょぴっと甘い
✦ドーン 夜明けという意味
榛(しん)の木が原料 ハチミツ入り 二日酔いに!!
DAWN
알로에농
✦アロエノンジャン
ノンジャンは農場のこと。アロエのセンイがビンの中でみえる〜。
✦COOL 歯みがき粉
Blueのキレイなジェル
すっきりさわやか〜!!
歯がツルツル!!
Perioe COOL
LG 페리오
COOL
LG 페리오 COOL
✦アチムヘッサル
米と玄米のジュース
最近のHIT商品。
아침햇살
✦ベジミル✦
大豆、野菜が原料のジュース
Vagemil
冬はあたためて店頭に並ぶ

ウィッグの巻
₩15000～₩20000で買える
ドレットヘアーもワンタッチ。ドレッドのロン毛、お1つ いかが?
シャカシャカ
ストレートのロング
BROWN BLACK SILVER 色んなカラあり
How to
フロントとサイドはまとめちゃう。
アフロで変身
YEY!! YEY!!
レインボーもあるヨ
ツイストパーマ ヒナドリの巣のよう。
ピヨピヨ
飼ってみるか
スパイラル
超ロングのこまかーいスパイラル
帽子かぶったら本物の毛みたい!!
前ガミにひっかけて

コスメの巻
道路に面して ワゴンがあるの。激安 ネイル ₩1.000〜
✧グロスをカゴに入れたらいきなりドサッとカゴが重くなった。₩1800のLIPグロスに対して竹塩ハミガキじゃーお店が損しちゃうよ。おじさん。
✧このサービスっぷりで次から次へとコットンやらいっぱいくれるの。Keiちゃんこれにのせられて、いっぱい買ってしまいました。得したような、損したような・・・
値だんも下げてくれた!!

明洞や新村には、マツキヨみたいな化粧品屋さんがいっぱい。日本では手に入らないようなマニキュアに出会えちゃう。韓国ブランドの化粧品は、品揃えが豊富で発色抜群！　隣接してるお店と価格を比べながら買おう。同じものがこっちで三千ウォン、あっちでは千五百ウォンってこともあるからね。化粧品だけじゃなくてブラシも安い。馬の毛のブラシが七千ウォン！　ＭＡＣの高級ブラシに負けない品質。チップ、パフ、コットン、ハサミや、毛抜きなども安い。まとめ買いしなきゃ。

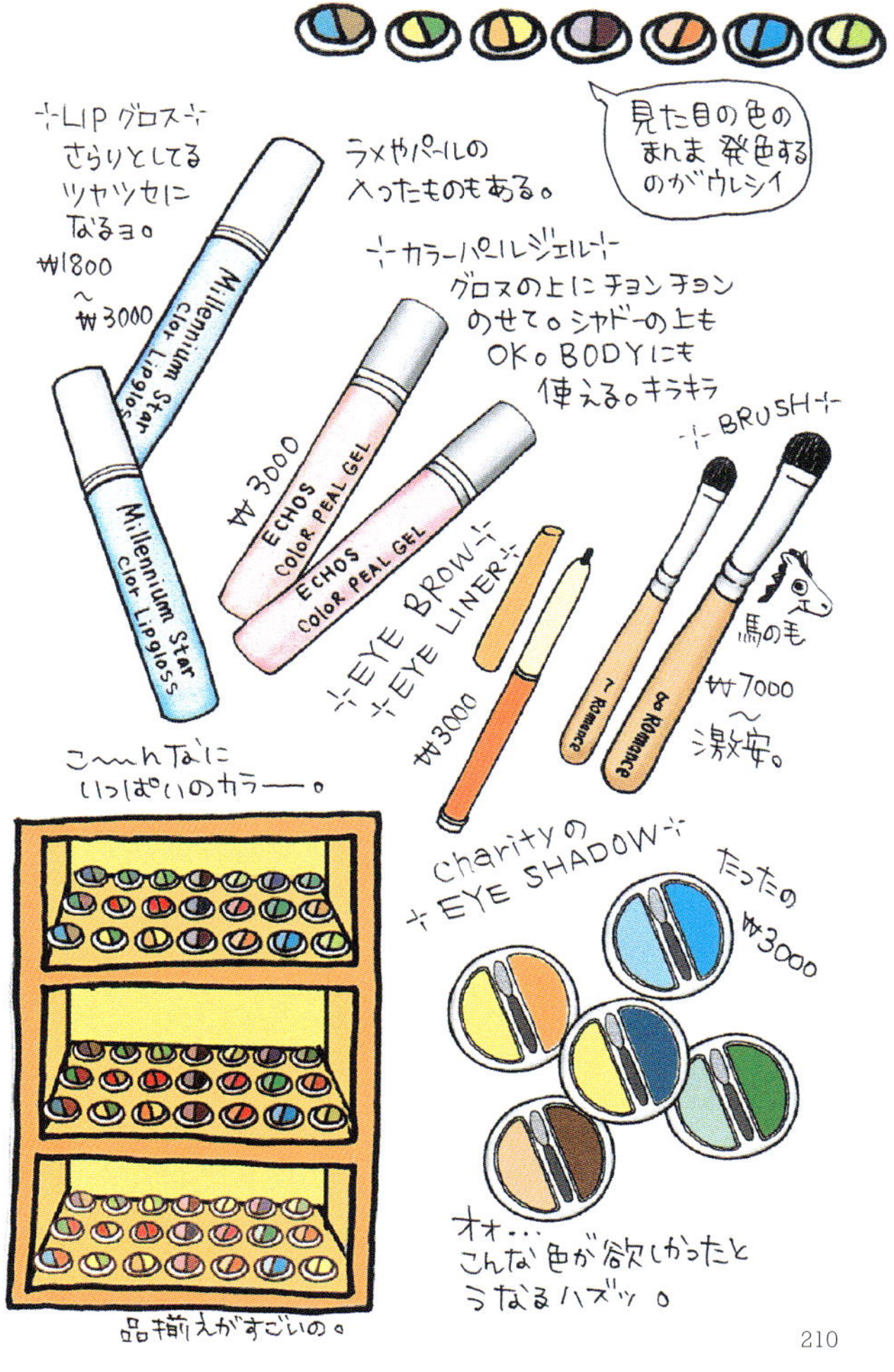
✧LIP グロス✧
さらりとしてる
ツヤツヤに
なるヨ。
₩1800
〜
₩3000
Millennium Star
Clor Lipgloss
Millennium Star
Clor Lipgloss
ラメやパールの
入ったものもある。
見た目の色の
まんま 発色する
のがウレシイ
✧カラーパールジェル✧
グロスの上にチョンチョン
のせて。シャドーの上も
OK。BODYにも
使える。キラキラ
₩3000
ECHOS
COLOR PEAL GEL
ECHOS
COLOR PEAL GEL
✧EYE BROW✧
✧EYE LINER✧
₩3000
✧BRUSH✧
馬の毛
₩7000
〜
激安。
Romance
Romance
こ〜〜んなに
いっぱいのカラー—。
品揃えがすごいの。
charityの
✧EYE SHADOW✧
たったの
₩3000
オオ…
こんな色が欲しかったと
うなるハズッ。

BlueやGreenやらの
EYE SHADOW
はじめて
試したヨ
ベージュの
グロスも
気に入って
しまった。
Nail
₩1000
Nail大好き
keiちゃんも
ビックリーッ。
今までに出逢った
コトのない色達を
Get! うれしい。
nail color
nail color
チーク ₩5000
底に
ブラシが
入ってる
LIPグロス
パール入り
Beigeは手持ちの
LIPと混ぜて
使うと
Good。
そのまま使って
ナチュラルメイクに
ナント!
ランコムよりも
レブロンよりも
メイベリンよりも
長く濃く
なる
マスカラ
発見
₩15000
MASCARA
同じメーカー
ファンデーション
なんと、レフィルが
もう1コおまけで
₩18000
透明プラスチックのフタ付
必ず試しましょう
香料が
ちとキツイ。
カバー力、フィット感
バツグンです。
カラフルでカワイイ
SHADOW CHIP
こーんなに入って ₩900

ボディーアートの巻 HENNA DESIGN

BODY PAINTINGは体のどこに入れてもOK。一般的には手首や足首。マドンナやプリンス、ナオミキャンベルなどが火つけ役。1week程で、自然に消えてゆくので安心して楽しめます。肌にヘナで描いてから、2〜3日後、茶色く、くっきりと発色します。

おへそ、首まわりもカッコイイ

弘大前でボディアートを初体験。ヘンナという植物を原料とした染料を肌に塗って、色素を一時的に肌や爪などに浸透させる方法。一ケ所一万ウォン。一週間で消えるプチ入れ墨です。古代エジプトから伝えられていて、五千年前

最初にお店をのぞいた時、あやしい店かと思ったけどSTAFF揃ってみんなイイ人達。アットホームです。

イラッシャイマセ
Englishペラペラのお姉さん
手首や指など色んな所にヘナのモヨウが。
"歩くサンプル"

お店の雰囲気。ソウルではタレントなども入れていて、人気がある。男の子も腕に入れてた。奥の方でスタッフが紙に練習していた。どうせ描くなら、私達の腕にして——っ。

मेंहदी
T.322-5015

見て!! こんな風になったの。

優しい気使い
インドの紅茶
ショウガ入りの
MILK TEA
『チャイ』

オリジナルもできる。

Keiちゃんは
陰陽マーク
をモチーフに。

Keiちゃんオリジナル

ムムム？なんだか
月餅《げっぺい》に似てるっ!

のミイラの爪にもヘンナが発見されたんだって！ 最初は薄いオレンジ。体温によって少しずつ濃い茶色になってくる。店の人は、人の一生に似てるって言ってた。いちばん色がいいのは、ペイントを施してから二〜三日かな。

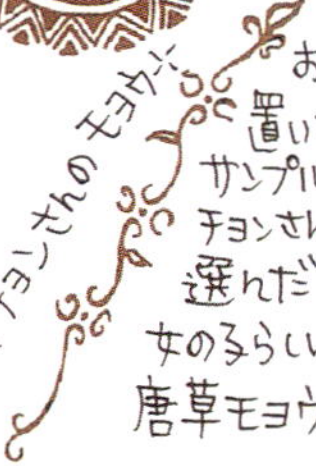

チョンさんのモヨウ

お店に
置いてある
サンプルから
チョンさんが
選んだ
女の子らしい
唐草モヨウ

翌日。まだ色は薄い。
不思議と日に日に濃く
なってゆくのだ。

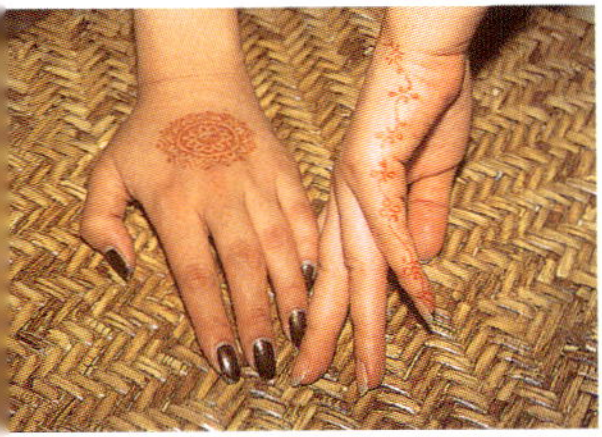

この中にヘナが
入ってる

ケーキに名前を
描くチョコレートみたい。
20分位 乾そう
させたら 出来上り。
その後 ポロポロ
はがれて 色素だけ
残る。

麻浦区西橋洞361-12　Tel 322-5015

☞「헤너디자인」 마포구 서교동 361-12

☯ 3つも メガネ 買っちゃった ☯

₩50,000
なんと度付きのサングラス。フラットレンズ。

しかも 超圧縮のレンズ。
平面の平らなレンズは
お洒落で好き。

✧日本だったら
レンズだけで
¥20,000-
しちゃう。
✧すぐ検査して
すぐ出来ちゃう。
✧度数さえわかれば
友だちへのプレゼント
にもなるヨ。

☯ ₩40,000
べっこう色プラスチック製

☯ ₩40,000
フチなしのフラットレンズ

☯ こんなにも お洒落で カワイイめがね達がズラリ並んでる

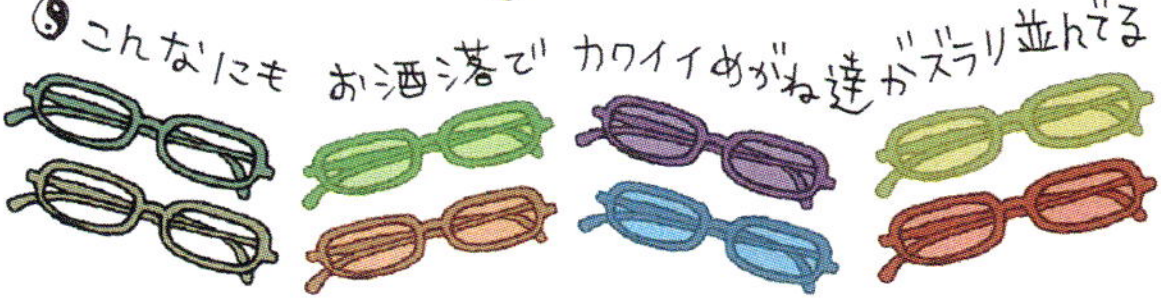

ハラコのサンダル
☯ ₩50,000

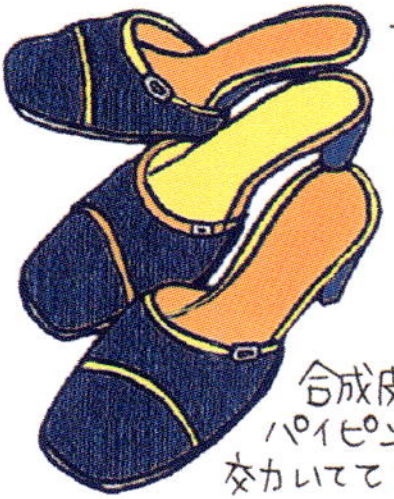

✧デニム素材✧
合成皮革のパイピングが効いててカッコよい。
☯ ₩39,000

✧ビーズのサンダル。
☯ ₩30,000
✧サテンもあった

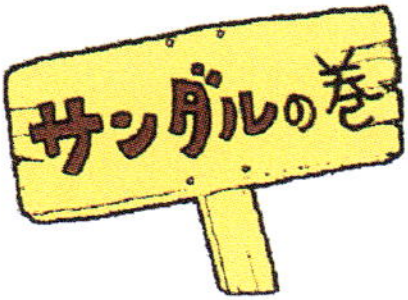

✧リザード風ミュール✧
☯ ₩30,000
先が丸くてCUTE。

✧表面が100% cotton。内側がレザー。フォルムGood。
これ、買って愛用。はき心地がとてもGood.
☯ ₩49,000

女の子のための旅ガイド

とてもキレイな設備。

✧インターネット・カフェ✧
韓国ではPCバンという。
1時間₩1000以内で、使い放題。日本語の入力ができないのでローマ字入力で。
日本にメールを送ってみよう。

✧ホテル選び✧

ソウルマップ
漢江
江北区
中心部
ソウルタワー
江南区
北
西
東
南

✧ブランド品やエステが目的の旅なら、江南地区を　韓国らしい雰囲気を味わいたいのなら江北地区のホテルを選ぼう。

HOT

✧トイレ✧
ホテルやデパートのトイレを利用しよう。
地下街、地下鉄のトイレも比較的きれいです。
市場では、手酌で水を流す古いトイレもある。

✧日用品は韓国で。

なんと5枚で
₩10000−

✧この下着は一枚につき200yen前後のお値段。その他、Tシャツ・ブラジャーなども₩5000ぐらいからある。コンビニの品揃えは日本と一緒で、生理用品などもこちらで調達できる。

✧ 地下鉄に乗るなら ✧

500
100
たったの ₩600 なら、利用したいね。

✧ 地下鉄の切符は600ウォン
700ウォンが基本。
地下鉄の窓口でだまって
600ウォン出せば、600ウォン
切符が出てきます。
✧ ソウル市内は 600ウォンでOK!

✧ 日本の電化製品を使うなら‥‥ ✧

◆ドライヤー
◆充電 etc…

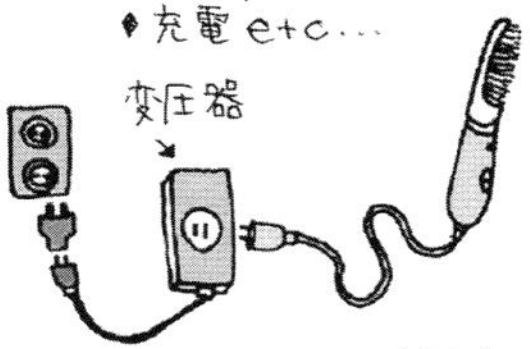
変圧器

✧ 中級ホテルや旅館
では、変圧器を持参し
ましょう。
✧ 特級ホテルなら、
ドライヤーはついてます。

TEL 02-123 4567
この お店に 行きたいの

✧ 行く先がうまく
伝わらなかったら、ケータイ
で直接店の人と話して
もらおう。
運転手さんのケータイ
からかけてもらったら、
メーター料金に500ウォン
〜1000ウォンの電話代を
プラスして払おう。

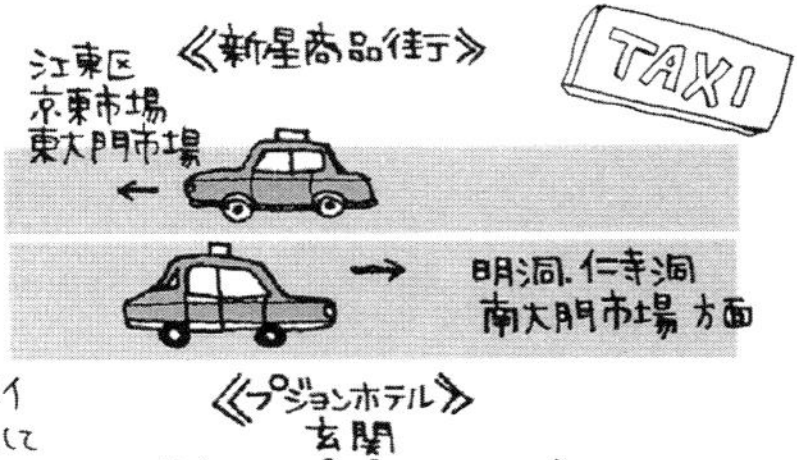
《新星商品街》
TAXI
江東区
京東市場
東大門市場
明洞、仁寺洞
南大門市場 方面
《プジョンホテル》
玄関

✧ 韓国の車は右側通行 ✧
TAXIを拾う時は目的地の
方向を考えて拾おう。

✧韓国の人は無愛想？✧

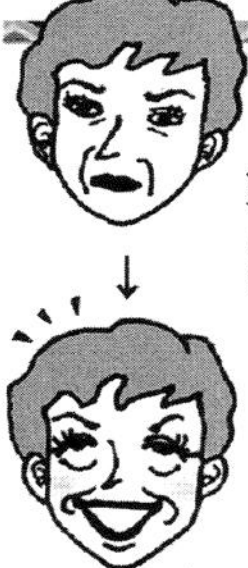

韓国の人は例え お客様でも愛想笑いはしないの。
日本人の方から、コミュニケーションをとろうと一歩踏みこめば、とびきりの笑顔をみることが出来る。

親しくなるまでの距離は遠いけど 親しくなると めちゃめちゃ接近する。KEIちゃんは 食堂で"まかない"や 日本へのお土産をいただいたり、この とびきりの笑顔を いっぱいもらいました。

✧混雑している 東大門は空いている時間をねらおう！✧

深夜も営業！
斗山タワー
11:00am - 1:00pm
1:00am - 3:00am
ミリオーレ
10:30am - 1:00pm
2:00am - 4:00am

東大門のファッションビルは、大賑わい。じっくり買物を楽しむなら空いている時間帯に。お店の人に聞いてみました。

◆斗山タワー◆
午前11:00 〜午後1:00
午前 1:00 〜午前3:00

◆ミリオーレ◆
午前 10:30 〜 午後1:00
午前 2:00 〜午前4:00

✧代表的な 韓国料理✧

- ◆ 삼겹살 サムギョプサル・豚三枚肉の焼き肉
- ◆ 갈비 カルビ・カルビ
- ◆ 소금구이 ソグムクイ・塩カルビ
- ◆ 갈비구이 カルビクイ・骨つきカルビ
- ◆ 삼계탕 サムゲタン・若鶏の薬膳スープ
- ◆ 설렁탕 ソルロンタン・牛肉、肉モツのスープ
- ◆ 해장국 ヘジャンクッ・牛モツと血のスープ
- ◆ 순두부찌개 スントゥブチゲ・おぼろ豆腐の鍋
- ◆ 부대찌개 プデチゲ・ハム、ソーセージの鍋
- ◆ 된장찌개 テンジャンチゲ・韓国風みそ汁
- ◆ 파전 パジョン・韓国風お好み焼(チヂミ)
- ◆ 김치찌개 キムチチゲ・キムチ鍋
- ◆ 냉면 ネンミョン・冷麺
- ◆ 김밥 キムパプ・韓国風のり巻き
- ◆ 비빔밥 ピビムパプ・ビビンバ

あとがき

日本に「裸のつきあい」という言葉があるように、韓国にも「風呂に入れば、二倍親しくなる」という言葉があります。

三年前に日本で出会ったとき、私とケイちゃんは軽くあいさつを交わす、知り合いの知り合いにすぎない関係でした。ところが、サウナや温泉の取材が多かった今回の旅で、いきなり、すっぴん&すっぽんぽん（！）で再会したのです。「韓国女性は同性どうしで裸になっても恥ずかしがらない」とはいうものの、おたがい外国人、しかもそれぞれ身体の線に問題をかかえる身（笑）とあっては、やはりちょっと照れくさいものです。

それでも、汗蒸幕《ハンジュンマク》、チムチルバン、温泉と取材を続け、文字通り裸のつきあいを重ねるうちに、ふたりのあいだの見えない壁は崩れていきました。そして、ケイちゃんの開けっぴろげ

な性格にも大いに助けられ、なにも隠さない、なにも飾らない関係ができあがっていったのです。

サウナや温泉の効能書きに、よく美容、痩身のことが書かれていますが、そこにもうひとつ、「人間関係の円滑化」と書き加えたくなりました。日韓や南北朝鮮の首脳会談も、お風呂でやればもっとうまく行くんじゃないかしら？ そんなことを大まじめに考えるほど、裸のつきあいは人間関係に効《き》くということがよくわかったのです。

ふたりでエステを体験したり、参鶏湯《サムゲタン》を食べて元気をもらったり、大地のエネルギーあふれるナムルに舌鼓《したつづみ》を打ったり、さまざまな感動を共有することで、いちばんキレイになったのは「気持ち」なんじゃないかと思います。

ふたりの旅はまだまだ続きます。ところでケイちゃん、ダイエットは成功したんですか？

チョン・ウンスク

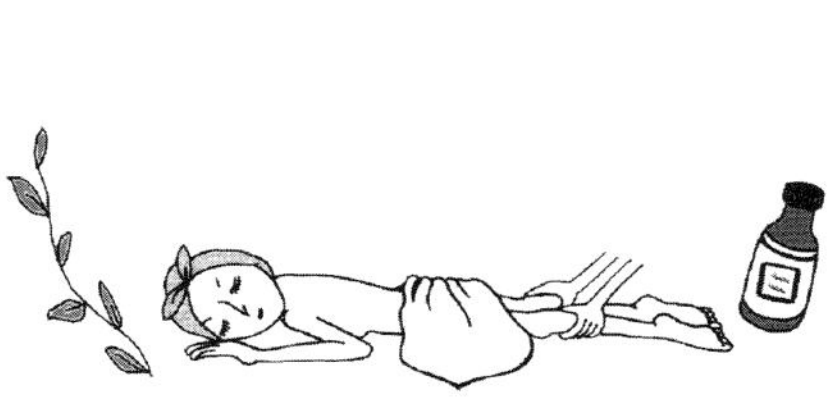

一〇〇字書評

切り取り線

本書の購買動機（新聞名か雑誌名か、あるいは○をつけてください）

＿＿＿新聞の広告を見て	雑誌の広告を見て	書店で見かけて	知人のすすめで

あなたにお願い

この本をお読みになって、どんな感想をお持ちでしょうか。右の「一〇〇字書評」を私までいただけたらありがたく存じます。今後の企画の参考にさせていただきます。

あなたの「一〇〇字書評」は新聞・雑誌などを通じて紹介させていただくことがあります。そして、その場合は、お礼として、特製図書カードを差しあげます。

右の原稿用紙に書評をお書きのうえ、このページを切りとり、左記へお送りください。電子メールでもけっこうです。

〒101―8701　東京都千代田区神田神保町三―六―五
九段尚学ビル　祥伝社　☎（三二六五）二〇八〇
祥伝社黄金文庫　編集長　小川　純
E-mail : ohgon@shodensha.co.jp

住　所

なまえ

年　齢

職　業

祥伝社黄金文庫

祥伝社黄金文庫　創刊のことば

「小さくとも輝く知性」――祥伝社黄金文庫はいつの時代にあっても、きらりと光る個性を主張していきます。

真に人間的な価値とは何か、を求めるノン・ブックシリーズの子どもとしてスタートした祥伝社文庫ノンフィクションは、創刊15年を機に、祥伝社黄金文庫として新たな出発をいたします。「豊かで深い知恵と勇気」「大いなる人生の楽しみ」を追求するのが新シリーズの目的です。小さい身なりでも堂々と前進していきます。

黄金文庫をご愛読いただき、ご意見ご希望を編集部までお寄せくださいますよう、お願いいたします。

平成12年（2000年）2月1日　　祥伝社黄金文庫　編集部

ソウルでキレイになってやる　食《た》べた、ヤセた、トクした

平成12年10月10日　初版第1刷発行

著者　コイケ・ケイコ
　　　チョン・ウンスク

発行者　渡辺起知夫

発行所　祥《しょう》伝《でん》社《しゃ》
東京都千代田区神田神保町3-6-5
九段尚学ビル　〒101-8701
☎03（3265）2081（販売）
☎03（3265）2080（編集）

印刷所　萩原印刷

製本所　ナショナル製本

ISBN4-396-31233-4 C0126

祥伝社のホームページ・http://www.shodensha.co.jp/